韓国語能力試験 TOPIK 初級聞取り対策

河仁南

語研

はじめに

「読んでわかる単語を聞いてもわかるようにしましょう」これは私の個人的なリスニング学習の考え方です。人それぞれの違いはあっても，外国語の勉強において，まず一番先に身に着くのは読む能力でしょう。それから聞く能力，話す能力，最後には論理的にもしくはネイティブのように書ける能力がついてくるでしょう。相手が何を言っているのかさっぱりわからないのに，論理立てて答えられる人はいないはずです。

ではどうすればリスニングの勉強が効率的にできるでしょうか。まずたくさん聞くことにつきます。そしてリスニングの勉強で最も大事なことは，聞いてわからないからといって，そのたびに文字を見て確認しないことです。これは初心者にとってはつらい時間ですが，文字を見て勉強していくうちに目が慣れていくように，たくさん聞けば耳も慣れていきます。勉強を始める前に，まず初級レベルの単語や関連フレーズを覚えるまできちんと練習してみてください。その次に聞き取れなかった語彙を確認し覚えてから，次のステップに移りましょう。書きながら，また発音しながら覚えるとより良いでしょう。皆さんご存じのように韓国語は発音時に音が変わるので，この点がビギナーを苦しませるところですが，最初から文字のつづりを間違わないようにして覚えておくと発音どおりに書かなくなり，次第にライティングも速くなります。そして単語だけにとどまらず，できるだけ連語やフレーズなどを繰り返し聞き，その意味がわかるようにしてみてください。

本書では過去問 40 回分を分析し，各パターンの問題数を実際の 10 倍以上（300 問）用意しました。特に長文のリスニングになる後半のパターン 8 ～ 10 ではさらに問題数を増やし（60 問），合計 360 問となりますので十分な練習になるでしょう。重複する表現もありますが本書を勉強していくうちに自然と単語やフレーズを習得することになるでしょう。本書が韓国語の勉強をスタートしたみなさんのお役に立ち，これからの学習をもっともっと楽しんでいただければ，著者としてはこれ以上の喜びはないでしょう。

最後に，本書の出版に至るまで関わってくださった方々に心から感謝いたします。

2021 年

河仁南

目　次

聞取りのための攻略編（10の出題パターンをマスターしよう！）

まとめの模擬試験（最後に1回分模試（聞取りのみ）に挑戦してみよう！） 222

【吹込み】李美賢／李忠均

【装丁】クリエイティブ・コンセプト

音声の使い方

　音声は本文中の右上（偶数ページは左上配置）の QR コードを読み込むか，弊社のホームページ「語研　音声教材（無料ダウンロード）のページ」より一括でダウンロードできます。 以下に記載の URL を直接ご入力いただくか，QR コードを読み込んでページにアクセスしてください。

https://www.goken-net.co.jp/audio/

※ Wifi 環境でのダウンロードを推奨いたします。

● 練習問題と模擬試験では実際の試験同様，音声を2回ずつ読み上げています。

● 練習問題の音声は実際の試験よりもやや早めのスピードで収録しています。そのスピードに慣れておけば，本番では余裕をもって望むことができるでしょう。

● 模擬試験の音声はなるべく実際の試験のスピードに合わせて収録しています。

● 解答と訳を赤シートで隠し，韓国語のみを確認できます。音声と併せてぜひ学習にお役立てください。

◆注意事項◆

⚠ ダウンロードできるファイルは ZIP 形式で圧縮されたファイルです。ダウンロード後に解凍してご利用ください。

⚠ 音声ファイルは MP3 形式です。音声ファイルのみ対応の CD デッキなどでは再生できませんのでご注意ください。

⚠ 本書の音声ファイルは私的利用に限って頒布するものです。営利目的で著作権者に許可なく本音声ファイルの複製・改変・放送・配信・転売することは法律で禁じられています。

試験の概略と勉強法

目的

　韓国語を母語としていない在外韓国人や外国人の韓国語学習方向提示および韓国語普及の拡大。韓国語使用能力を測定・評価し，その結果を韓国国内の大学留学および就職などに活用。

受験対象

　韓国語を母語としない在外同胞，および外国人として韓国語を勉強している者。

TOPIK資格の活用法

① 政府招請の外国人留学生の選抜および学事管理。
② 外国人および12年間外国の教育課程を履修した在外韓国人の国内大学・大学院入学
③ 韓国企業への就職希望者の就労ビザ獲得および選抜，人事の基準。
④ 外国人医者資格者の国内免許の認定。
⑤ 韓国語教員2級および3級試験受験資格の取得。
⑥ 永住権取得。
⑦ 結婚移民者ビザ発行申請。

有効期間

　成績発表日から２年間有効。

試験時期

　韓国では年６回，日本では年３回実施。

申し込み	試験日	成績発表日
1月	4月	5月
5月	7月	8月
8月	10月	11月

受験料

TOPIK Ⅰ：4,000 円

TOPIK Ⅱ：5,500 円

申請方法

郵送またはインターネット（www.kref.or.jp）より申請。

試験領域・時間・配点

試験水準	領域	時間	形式	問題数	配点	配点合計
TOPIK Ⅰ	聞き取り	40 分	四択	30 問	100 点	200 点
	読解	60 分	四択	40 問	100 点	

合格点

試験水準	配点	等級	合格点
TOPIK Ⅰ	200 点	1 級	80 − 139 点
		2 級	140 − 200 点

国立国際教育院（NIIED）発表のTOPIK Ⅰ 評価基準

等級	評価基準
1 級	✓「自己紹介，物を購入する，食べ物を注文する」など，生活に必要な基礎的な言語技能を遂行することができ，「自分自身，家族，趣味，天気」などたいへん私的で身近な話題に関連した内容を理解し表現することができる。 ✓ 約 800 個の基礎語彙と基本文法に関する理解を基に簡単な文章を生成することができる。 ✓ 簡単な生活文と実用文を理解し構成することができる。
2 級	✓「電話する，頼みごとをする」などの日常生活に必要な技能と「郵便局，銀行」などの公共施設の利用に必要な技能を遂行することができる。 ✓ 約 1,500 〜 2,000 個の語彙を利用して私的で身近な話題に関して段落単位で理解し使用することができる。 ✓ 公式的な状況と非公式的な状況での言語を区分して使用することができる。

＊詳細は TOPIK の公式 HP（https://www.kref.or.jp/examination）でご確認いただけます。

TOPIK I 聞取りの構成

パターン	問題	配点	説明
パターン 1	1～4／4問	14点	✓ 質問に対して正しい答えを選択
パターン 2	5～6／2問	7点	✓ 会話になるよう適切なものを選択
パターン 3	7～10／4問	13点	✓ 会話を聞いて適切な場所を選択
パターン 4	11～14／4問	13点	✓ 会話を聞いて適切な主題を選択
パターン 5	15～16／2問	8点	✓ 会話を聞いて適切な絵を選択
パターン 6	17～21／5問	15点	✓ 会話の内容と合ったものを選択
パターン 7	22～24／3問	9点	✓ 女性の中心的な考えを選択
パターン 8	25～26／2問	7点	✓ やや長い会話に対し2つの質問 ① なぜこの話をしているのか ② 会話の内容と同じものを選択
パターン 9	27～28／2問	7点	✓ やや長い会話に対し2つの質問 ① 何について話しているのか ② 会話の内容と同じものを選択
パターン 10	29～30／2問	7点	✓ やや長い会話に対し2つの質問 ① 理由を選択 ② 会話の内容と同じものを選択

試験勉強する時の注意点

1 語彙を増やす

　語彙を増やすことは基本中の基本です。とにかく単語をなるべく多く覚えてください。読んでわかる単語は聞いてもわかるように，常に日頃から声を出して覚える練習をしておきましょう。皆さんの中で "안녕하세요?" や "Thank you!" と言われて意味がわからない方はおそらくいないはずです。それはたくさん聞いてこられたので何も考えなくても耳が聞き慣れているからではないでしょうか。初級レベルの聞き取りは，はっきり言って語彙力との勝負です。ひたすら聞いて，書いて，言ってみることにつきます。また，韓国語の単語を聞いた瞬間，ダイレクトに日本語の意味が言えるように練習します。その逆の日本語→韓国語もやっておきましょう。TOPIK I 合格を目指すための『韓国語能力試験 TOPIK 1・2 級　初級単語 800』『韓国語能力試験 TOPIK 1・2 級　初級読解対策』（語研刊）も併せてご参考ください。

2 選択肢を素早く読んでおく

　全パターンを通して，聞取り問題を解くうえで最もおすすめしたいことは，音声が流れる前に選択肢を読んでおくことです。韓国語に限らず，リスニングの問題では，すでに出されている選択肢（TOPIKでは4択）の内容をなるべく音声が流れる前に読んでおくことがとても重要ですし，ある程度内容の予測も可能になります。TOPIK I の音声問題は比較的ゆっくりとしたペースで進むので，前半の出題パターン5（絵の選択）までは選択肢の内容も短く，確実に点が取れるはずです。問題は後半のパターン6～10まで。これらは少し長文となっており，男性が言ったのか，女性が言ったのかもきちんと判断しておきたいので，より早く選択肢を読む必要があります。また，読みながらすぐその意味も理解できるようにしましょう。

3 本試験までに問題をたくさん解く

　本試験の前には必ず過去問を解いてみましょう。パターンに慣れることはとても大事です。過去問は問題の傾向がわかるチャンスですし，まだものにしていない単語も習得できます。問題をたくさん解いて耳を慣れさせます。解いてみた過去問の中の単語や熟語は完璧に覚えておきましょう。でも，過去問を何回分やってみた！というのが重要ではなく（もちろん多いに越したことはないですが），1回分であっても単語を覚えたのか，内容をきちんと理解できているかが重要です。

5 簡単なメモを取る習慣をつける

　ポイントになりそうな単語は，日本語でもかまわないので自分がわかる形でメモを取っておきましょう。ただ，メモを取ることに夢中になっていてはいけません。ポイントになりそうなものだけでよいのです。すべてを書きとることは無理ですので聞くことに集中し，全体のニュアンスをつかむことこそが大事です。時間が経てば経つほど集中力が切れやすくなりますので，なおさら書くのに気が取られていたら時間が足りなくなります。上級になればなるほど内容も長くなるし，スピードも速くなりますので。メモの取り方は自分がわかればそれでよいので工夫してみましょう。たとえば，韓国や韓国語は「K」で表記するなど記号化するのもよいでしょう。

5 慌てず後半まで集中力を保つ

　本試験では，各問題の音声を読み終わり次の問題を読み上げるまでに大体25秒前後の空きがあります。また，各問題は2回聞けるので慌てずに集中して解きましょう。過ぎた問題には執着しないようにしてください。読解問題と違って後でもう一度考えてみようという余裕はありません。自信がなく正解を選ぶのに迷ったら，正解だと思うものをマークシートに回答し，あまり深く考えず，その問題をスルーする勇気も必要です。そして早く次の問題に気持ちを切り替えましょう。

　　以上のことを参考にしながら実際にたくさんの練習問題を解いてみましょう！

聞取りのための 攻略編

▶ 10の出題パターンを
 マスターしよう！

出題パターン *1*

質問に対して正しい答えを選ぶ問題です。「はい，いいえ」「これ，それ，あれ」
「どれ，どこ，いつ，誰，どんな」などのようにとてもシンプルな問いです。

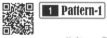 **1 Pattern-1**

<ruby>次を<rt>次を</rt></ruby> <ruby>聞き<rt>聞き</rt></ruby> <ruby>〈例〉の<rt>〈例〉の</rt></ruby> <ruby>ように<rt>ように</rt></ruby> <ruby>問いに<rt>問いに</rt></ruby> <ruby>合う<rt>合う</rt></ruby> <ruby>答えを<rt>答えを</rt></ruby> <ruby>選びなさい<rt>選びなさい</rt></ruby>

※ [1~4] 다음을 듣고 〈보기〉와 같이 물음에 맞는 대답을 고르십시오.

────〈보기〉────

水ですか?
가: 물이에요?

나:＿＿＿＿＿＿＿＿＿

はい 水です
❶ 네, 물이에요.

はい 水では ありません
② 네, 물이 아니에요.

いいえ 水が いいです
③ 아니요, 물이 좋아요.

いいえ 水が おいしいです
④ 아니요, 물이 맛있어요.

○○《名詞》이에요?/입니까? （○○ですか？）の答えは以下の2パターンのみです。
… 네, ○○이에요. （はい，○○です。）
… 아니요, ○○이/가 아니에요. （いいえ，○○ではありません）

1. ① 네, 책이에요.　　　　　② 네, 책이 아니에요.
　 ③ 아니요, 책이 있어요.　 ④ 아니요, 책이 없어요.

2. ① 네, 친구가 있어요.　　 ② 네, 친구를 좋아해요.
　 ③ 아니요, 친구가 아니에요.④ 아니요, 친구가 와요.

3. ① 한국 사람이에요.　　　 ② 형이 와요.
　 ③ 친구였어요.　　　　　 ④ 아니요, 내일 와요.

4. ① 언니와 같이 살아요.　　② 여동생하고 같이 샀어요.
　 ③ 부모님하고 살았어요.　 ④ 작년에 같이 살았어요.

　個人的な質問がたくさん出る傾向がありますが，ここは最も簡単な問題ですので全問正解（満点）を目指しましょう！

　「誰が何をしたのか」，「誰と何をしたのか」「いつするのか」「いつしたのか」，「〜がある／ない」などのパターンを覚えておきましょう。語彙を増やしておけば問題ありません。質問は過去形なのに現在形の答えを選んだりしないよう，時制には注意しましょう。

1. 🔲 책이에요? — 本ですか？

   ① 네, 책이에요. — はい，本です。
   ② 네, 책이 아니에요. — はい，本ではありません。
   ③ 아니요, 책이 있어요. — いいえ，本があります。
   ④ 아니요, 책이 없어요. — いいえ，本がありません。

名詞＋이에요/예요?「～ですか？」と聞いているので肯定か否定で答えます。

2. 🔲 친구예요? — 友達ですか？

   ① 네, 친구가 있어요. — はい，友達がいます。
   ② 네, 친구를 좋아해요. — はい，友達が好きです。
   ③ 아니요, 친구가 아니에요. — いいえ，友達ではありません。
   ④ 아니요, 친구가 와요. — いいえ，友達が来ます。

上記と同じ，肯定か否定で答えます。

3. 🔲 누가 한국에 와요? — 誰が韓国に来ますか？

   ① 한국 사람이에요. — 韓国人です。
   ② 형이 와요. — 兄が来ます。
   ③ 친구였어요. — 友達でした。
   ④ 아니요, 내일 와요. — いいえ，明日来ます。

누가「誰が」は答えを導くための最も重要なキーワードです。

4. 🔲 누구와 같이 살아요? — 誰と一緒に住んでいますか？

   ① 언니와 같이 살아요. — 姉と一緒に住んでいます。
   ② 여동생하고 같이 샀어요. — 妹と一緒に買いました。
   ③ 부모님하고 살았어요. — 両親と一緒に住んでいました。
   ④ 작년에 같이 살았어요. — 去年一緒に住んでいました。

～와/과 (함께)/하고/ ～(이)랑 も ～와/과 (같이)「～と（一緒に）」と同じ意味なので一緒に覚えておきましょう。時制に気をつけましょう。～(이)랑は会話体でもっともよく使います。

◆ 身体名称

頭	머리	髪の毛	머리카락	額	이마	眉毛	눈썹
目	눈	鼻	코	口	입	耳	귀
顔	얼굴	首, 喉	목	腕	팔	歯	이
脚	다리	お腹	배	肩	어깨	背中	등
手	손	指	손가락	手のひら	손바닥	手の甲	손등
足	발	足の指	발가락	足の裏	발바닥	足の甲	발등
手首	손목/팔목	足首	발목	腰	허리	へそ	배꼽
あご	턱	膝	무릎	胸	가슴		

◆ 疑問詞

だれが	누가	いつ	언제	どこ（で）	어디(에서)
なに	무엇/뭐	どのように	어떻게	なぜ	왜
だれ	누구	どの	어느	いくら	얼마
どんな, どの	무슨	どんな	어떤	いくつ	몇

◆ 時間を表す表現

昨日	어제, 어저께	今日	오늘	明日	내일	今	지금
一昨日	그제, 그저께	明後日	모레	明々後日	글피	四日後	그글피
朝	아침	昼	점심, 낮	夕方	저녁	夜	밤
夜明け	새벽	午前	오전	午後	오후	先々週	지지난주
先週	지난주	先月	지난달	去年	지난해, 작년	一昨年	재작년
今週	이번 주	今月	이번 달	今年	올해, 금년	年末	연말
来週	다음 주	来月	다음 달	来年	다음 해, 내년	再来年	내후년
毎日	매일	毎週	매주	毎月	매달	毎年	매년, 매해
日ごと	날마다	週ごと	주마다	月々	달마다	年々	해마다
日	일	週	주	月	월/달	年	년, 해
平日	평일	週末	주말	休日	휴일	初	초
中旬	중순	下旬	하순	末	말	月初め	월초
月末	월말						

◆ 家族名称

家族	가족, 식구	おじいさん	할아버지	おばあさん	할머니
お父さん	아버지	お母さん	어머니	父母，両親	부모
《弟からみた》兄	형	《妹からみた》兄	오빠	兄弟	형제
《弟からみた》姉	누나	《妹からみた》姉	언니	姉妹	자매
年下の兄弟	동생	弟	남동생	妹	여동생
息子	아들	娘	딸	子ども	아이
旦那	남편	妻	아내	夫婦	부부
（父方の）おば	고모	（父方の）おじ	삼촌	（母方の）おば	이모
（母方の）おじ	외삼촌				

◆ 指示代名詞

事物代名詞とその変化

この	이	その	그	あの	저
これ	이것 (이거)	それ	그것 (그거)	あれ	저것 (저거)
これが	이것이 (이게)	それが	그것이 (그게)	あれが	저것이 (저게)
これは	이것은 (이건)	それは	그것은 (그건)	あれは	저것은 (저건)
これを	이것을 (이걸)	それを	그것을 (그걸)	あれを	저것을 (저걸)
どの	어느	何	무엇		
どれ	어느 것 (어느 거)	何	무엇, 뭐		
どれが	어느 것이 (어느 게)	何が	무엇이(뭐가)		
どれは	어느 것은 (어느 건)	何は	무엇은 (뭐는)		
どれを	어느 것을 (어느 걸)	何を	무엇을 (뭐를, 뭘)		

場所代名詞とその変化

ここ	여기	そこ	거기	あそこ	저기
ここが	여기가	そこが	거기가	あそこが	저기가
ここは	여기는(여긴)	そこは	거기는 (거긴)	あそこは	저기는 (저긴)
ここを	여기를(여길)	そこを	거기를 (거길)	あそこを	저기를 (저길)
ここで／から	여기에서(여기서)	そこで／から	거기에서 (거기서)	あそこで／から	저기에서 (저기서)

◆ 数の言い方

基数詞			序数詞	
漢数詞	固有数詞	固有語の 基数詞の連体形	固有語の 序数詞	日数
一 일	1つ 하나	一つの 한	1番目 첫째	1日 하루
二 이	2つ 둘	2つの 두	2番目 둘째	2日間 이틀
三 삼	3つ 셋	3つの 세, 서, 석	3番目 셋째	3日間 사흘
四 사	4つ 넷	4つの 네, 너, 넉	4番目 넷째	4日間 나흘
五 오	5つ 다섯	5つの 다섯, 닷	5番目 다섯째	5日間 닷새
六 육	6つ 여섯	6つの 여섯, 엿	6番目 여섯째	6日間 엿새
七 칠	7つ 일곱	7つの 일곱	7番目 일곱째	7日間 이레
八 팔	8つ 여덟	8つの 여덟	8番目 여덟째	8日間 여드레
九 구	9つ 아홉	9つの 아홉	9番目 아홉째	9日間 아흐레
十 십	10 열	10の 열	10番目 열째	10日間 열흘

漢	이십	삼십	사십	오십	육십	칠십	팔십	구십	백	천	만	십만	백만	천만	억
	20	30	40	50	60	70	80	90	百	千	万	十万	百万	千万	億
固	스물	서른	마흔	쉰	예순	일흔	여든	아흔	백						

＊漢＝漢数詞, 固＝固有数詞

◆ 月の言い方

1月	일월	2月	이월	3月	삼월	4月	사월
5月	오월	6月	유월	7月	칠월	8月	팔월
9月	구월	10月	시월	11月	십일월	12月	십이월

※ 6月と10月は形に注意！（×육월　×십월）

1. ① 우리 아버지예요.　　　　② 저 사람이 왔어요.
　　③ 우리 학교예요.　　　　　④ 저 사람이 아니에요.

2. ① 네, 친구예요.　　　　　② 네, 만났어요.
　　③ 아니요, 안 만나요.　　　④ 아니요, 안 만났어요.

3. ① 네, 수업이 끝났어요.　　② 네, 수업에 가요.
　　③ 아니요, 수업이 없어요.　④ 아니요, 수업이 아니에요.

4. ① 언니하고 봤어요.　　　　② 자주 봐요.
　　③ 텔레비전을 봐요.　　　　④ 텔레비전이 없어요.

5. ① 공항에 갔어요.　　　　　② 공항에 있어요.
　　③ 집에 있어요.　　　　　　④ 집에서 자요.

6. ① 학교에 갔어요.　　　　　② 바다가 멀어요.
　　③ 집이에요.　　　　　　　④ 병원에 갔어요.

7. ① 네, 회사원이에요.　　　　② 은행에 가요.
　　③ 은행에 있어요.　　　　　④ 지금 회사에 있어요.

8. ① 고양이가 아파요.　　　　② 머리가 아파요.
　　③ 배가 아팠어요.　　　　　④ 남동생이 아파요.

9. ① 놀이공원에 갑시다.　　　② 교실에서 만납시다.
　　③ 어제 만났습니다.　　　　④ 선생님을 만납니다.

10. ① 시장에서 샀어요.　　　② 가방을 샀어요.
　　③ 시장이 싸요.　　　　　④ 방에 있어요.

11. ① 남동생하고 먹습니다.　② 네, 병원입니다.
　　③ 학생 식당으로 갑시다.　④ 집에서 먹었어요.

12. ① 여기는 5층입니다.　　② 네, 지금 갑니다.
　　③ 건물 밖에 있습니다.　④ 사무실입니다.

13. ① 밤에 왔어요.　　　　　② 아침에 갔어요.
　　③ 열두 시에 잤어요.　　④ 아침까지 갔어요.

14. ① 네, 만났어요.　　　　② 네, 약속이 없었어요.
　　③ 아니요, 어제 만나요.　④ 아니요, 안 만날 거예요.

15. ① 네, 할머니도 없어요.　② 네, 할아버지가 아니에요.
　　③ 아니요, 돌아가셨어요.　④ 아니요, 같이 사세요.

16. ① 네, 맛이 없어요.　　② 네, 비싸요.
　　③ 네, 아주 맛있어요.　④ 네, 책상 위에 있어요.

17. ① 아니요, 안 해요.　　② 아니요, 싫어해요.
　　③ 아니요, 어제 불렀어요.　④ 아니요, 못해요.

18. ① 골프를 좋아해요.　　② 그 사람을 좋아해요.
　　③ 어제 운동했어요.　④ 집 앞에서 만나요.

19. ① 다음 주예요.   ② 아침이에요.
      ③ 월요일이에요.   ④ 팔월 오 일이에요.

20. ① 열심히 일을 하고 있어요.   ② 은행에 다닙니다.
      ③ 매일 텔레비전을 봐요.   ④ 병원을 싫어해요.

21. ① 아까 했어요.   ② 문을 열까요?
      ③ 춥습니까?   ④ 문 옆에 있어요.

22. ① 항상 아침에 와요.   ② 학교에 일이 많아요.
      ③ 일하러 와요.   ④ 버스로 와요.

23. ① 네, 가겠습니다.   ② 아니요, 연락했어요.
      ③ 네, 그렇게 하겠습니다.   ④ 아니요, 못 가요.

24. ① 몇 분이십니까?   ② 삼 만 원입니다.
      ③ 예약하고 싶은데요.   ④ 근처 식당으로 갑시다.

25. ① 네, 도서관에서 공부했어요.   ② 네, 좋은 아침이네요.
      ③ 좋아요, 내일 어때요?   ④ 네, 어디에서 만날까요?

26. ① 같이 볼 수 없어요.   ② 같이 보러 가요.
      ③ 아마 도서관에 있을 거예요.   ④ 그 영화를 봤어요.

27. ① 오늘은 괜찮아요.   ② 감기 때문에 못 갔어요.
      ③ 조금 일찍 오세요.   ④ 어제는 재미있었어요.

28. ① 네, 맛있어요.   ② 네, 마십시다.
③ 아니요, 맛이 없어요.   ④ 아니요, 커피가 비싸네요.

29. ① 사 년이에요.   ② 사 년 걸렸어요.
③ 사 년 됐어요.   ④ 사 년 후에 돌아가요.

30. ① 일본어를 가르쳤어요.   ② 일본어가 어려워요.
③ 비행기로 왔어요.   ④ 비행기가 빨라요.

31. ① 다음 주에 볼 거예요.   ② 어제 친구하고 봤어요.
③ 지금 보고 싶어요.   ④ 안 볼 거예요.

32. ① 아니요, 됐어요.   ② 아니요, 좀 도와 주세요.
③ 네, 필요해요?   ④ 네, 아주 좋아요.

33. ① 일주일에 세 번 가요.   ② 일주일만 가면 돼요.
③ 배운 지 일주일 됐어요.   ④ 일주일만에 배울 수 있어요.

34. ① 영화를 봤어요.   ② 영화를 보려고 해요.
③ 친구 집에 있어요.   ④ 백화점에 갔어요.

35. ① 오 년 전에 샀어요.   ② 아니요, 오 년 됐어요.
③ 오 년 전부터 배웠어요.   ④ 네, 오 년 전이에요.

36. ① 네, 어머니를 많이 닮았어요.   ② 네, 어머니를 안 닮았어요.
③ 아니요, 어머니를 닮았어요.   ④ 아니요, 아버지를 안 닮았어요.

1. 🈲 저 사람이 누구예요?　　　　　　　　　あの人は誰ですか？

① 우리 아버지예요.　　　　　　　　　　　**うちの父です。**
② 저 사람이 왔어요.　　　　　　　　　　　あの人が来ました。
③ 우리 학교예요.　　　　　　　　　　　　　うちの学校です。
④ 저 사람이 아니에요.　　　　　　　　　　あの人ではありません。

> 우리は「私たちの」ですが、「私（うち）の」の意味でよく使われます。

2. 🈐 오늘 남자 친구를 만나요?　　　　　　　今日　彼氏に会いますか？

① 네, 친구예요.　　　　　　　　　　　　　　はい、友達です。
② 네, 만났어요.　　　　　　　　　　　　　　はい、会いました。
③ 아니요, 안 만나요.　　　　　　　　　　　**いいえ、会いません。**
④ 아니요, 안 만났어요.　　　　　　　　　　いいえ、会いませんでした。

> 어제「昨日」は過去形、내일「明日」は現在形または未来形、오늘「今日」は現在形も過去形も後ろに伴うことができます。

3. 🈲 내일 수업이 있어요?　　　　　　　　　明日授業がありますか？

① 네, 수업이 끝났어요.　　　　　　　　　　はい、授業が終わりました。
② 네, 수업에 가요.　　　　　　　　　　　　はい、授業に行きます。
③ 아니요, 수업이 없어요.　　　　　　　　　**いいえ、授業はありません。**
④ 아니요, 수업이 아니에요.　　　　　　　　いいえ、授業ではありません。

> 있다「ある、いる」の反義語は何かを考えましょう。

4. 🈐 지금 뭐 해요?　　　　　　　　　　　　今、何していますか？

① 언니하고 봤어요.　　　　　　　　　　　　姉と見ました。
② 자주 봐요.　　　　　　　　　　　　　　　よく見ます。
③ 텔레비전을 봐요.　　　　　　　　　　　　**テレビを見ています。**
④ 텔레비전이 없어요.　　　　　　　　　　　テレビがありません。

> 지금「今」のように時制に関する語は頻出です。まとめて覚えましょう。時間の表現は15ページを参照のこと。

5. 🗒 어제 어디에 갔어요?   昨日どこに行きましたか？

    ① 공항에 갔어요.   **空港に行きました。**

    ② 공항에 있어요.   空港にいます／あります。

    ③ 집에 있어요.   家にいます／あります。

    ④ 집에서 자요.   家で寝ます。

어제「昨日」と聞いた瞬間，時制が何か判断できるようにしましょう。

---

6. 🗣 지금 어디예요?   今，どこですか？

    ① 학교에 갔어요.   学校に行きました。

    ② 바다가 멀어요.   海が遠いです。

    ❸ 집이에요.   **家です。**

    ④ 병원에 갔어요.   病院に行きました。

지금「今」と어디「どこ」両方をきちんと聞き取りましょう。

---

7. 🗒 지금 어디에 가요?   今どこに行くんですか？

    ① 네, 회사원이에요.   はい，会社員です。

    ❷ 은행에 가요.   **はい，銀行に行きます**

    ③ 은행에 있어요.   いいえ，銀行にいます。

    ④ 지금 회사에 있어요.   今会社にいます。

-은/는 중이에요《進行形》「～しているところです」も覚えておきましょう。
（たとえば選択肢が 은행에 가는 중이에요 でも正解です）

있다/없다には「いる／いない」「ある／ない」の意味があります。

---

8. 🗣 어디가 아프세요?   どこが痛いですか？

    ① 고양이가 아파요.   猫が病気です。

    ❷ 머리가 아파요.   **頭が痛いです。**

    ③ 배가 아팠어요.   お腹が痛かったです。

    ④ 남동생이 아파요.   弟が病気です。

時制に気を付けましょう。

9. 🔊 어디서 만날까요?   どこで会いましょうか？

  ① 놀이공원에 갑시다.   遊園地に行きましょう。

  ② 교실에서 만납시다.   **教室で会いましょう。**

  ③ 어제 만났습니다.   昨日会いました。

  ④ 선생님을 만납니다.   先生に会います。

> 疑問形 -(으)ㄹ까요には，必ず -(으)ㅂ시다で答えます。
> 놀이공원은 놀이동산ともいいます。

---

10. 🔊 이 가방 어디에서 샀어요?   このカバンはどこで買いましたか？

  ① 시장에서 샀어요.   **市場で買いました。**

  ② 가방을 샀어요.   カバンを買いました。

  ③ 시장이 싸요.   市場が安いです。

  ④ 방에 있어요.   部屋にあります／います。

> 사다「買う」と 싸다「安い」の発音は日本人にとって区別が難しい発音のひとつですので，はっきり区分しましょう。

---

11. 🔊 점심을 어디서 먹을까요?   ランチをどこで食べましょうか？

  ① 남동생하고 먹습니다.   弟と食べます。

  ② 네, 병원입니다.   はい，病院です。

  ③ 학생 식당으로 갑시다.   **学生食堂へ行きましょう。**

  ④ 집에서 먹었어요.   家で食べました。

> 時制に気を付けましょう。

---

12. 🔊 화장실이 어디예요?   トイレはどこですか？

  ① 여기는 5층입니다.   ここは５階です。

  ② 네, 지금 갑니다.   はい，今行きます。

  ③ 건물 밖에 있습니다.   **建物の外にあります。**

  ④ 사무실입니다.   事務室です。

> 位置を表す名詞：
> 앞「前」, 뒤「後ろ」, 위「上」, 아래/밑「下」, 안「中」, 밖「外」,
> 옆/곁「隣, そば」, 오른쪽「右」, 왼쪽「左」, 사이「間」, 건너편「向かい側」

13. 🔊 몇 시에 잤어요?　　　　　　　　　　　　　　何時に寝ましたか？

① 밤에 왔어요.　　　　　　　　　　　　　　　　　夜に来ました。

② 아침에 갔어요.　　　　　　　　　　　　　　　　朝に行きました。

③ 열두 시에 잤어요.　　　　　　　　　　　　　**12 時に寝ました。**

④ 아침까지 잤어요.　　　　　　　　　　　　　　　朝まで寝ました。

時間の表現：韓国語の〜時は固有数詞，〜分は漢数詞を用います。

例）한 시 오 분「1 時 5 分」

한 시「1 時」，두 시「2 時」，세 시「3 時」，네 시「4 時」，다섯 시「5 時」，
여섯 시「6 時」，일곱 시「7 時」，여덟 시「8 時」，아홉 시「9 時」，
열 시「10 時」，열한 시「11 時」，열두 시「12 時」

14. 🔊 그 친구를 만날 거예요?　　　　　　　　　その友達に会うつもりですか？

① 네, 만났어요.　　　　　　　　　　　　　　　　はい，会いました。

② 네, 약속이 없었어요.　　　　　　　　はい，約束がありませんでした。

③ 아니요, 어제 만나요.　　　　　　　　　　いいえ，昨日会います。

④ 아니요, 안 만날 거예요.　　　　　　　　**いいえ，会わない予定です。**

時制をに気をつけましょう。

15. 🔊 할아버지 계세요?　　　　　　　　　おじいさんいらっしゃいますか？

① 네, 할머니도 없어요.　　　　　　　はい，おばあさんもいません。

② 네, 할아버지가 아니에요.　　　はい，おじいさんではありません。

③ 아니요, 돌아가셨어요.　　　　　　　　**いいえ，亡くなりました。**

④ 아니요, 같이 사세요.　　　　　　　　いいえ，一緒に住んでいます。

계시다는 있다「いる」の敬語表現で，目上の人などに対して使います。他人の家に入る時も「（だれか）いらっしゃいますか」の意味でもよく使われます。

16. 🔊 김밥이 맛있어요?　　　　　　　　　　キムパブはおいしいですか？

① 네, 맛이 없어요.　　　　　　　　　　　はい，おいしくないです。

② 네, 비싸요.　　　　　　　　　　　　　　　　はい，高いです。

③ 네, 아주 맛있어요.　　　　　　　　**はい，とてもおいしいです。**

④ 네, 책상 위에 있어요.　　　　　　　はい，机の上にあります。

맛있다「味がある⇒おいしい」／맛없다「味がない⇒おいしくない」
料理名は 131 ページを参照のこと。

17. 📛 노래 잘해요?   歌は上手ですか？

   ① 아니요, 안 해요.   いいえ，しないです。

   ② 아니요, 싫어해요.   いいえ，嫌いです。

   ③ 아니요, 어제 불렀어요.   いいえ，昨日歌いました。

   ④ 아니요, 못해요.   **いいえ，下手です。**

> 아니요と否定しているので，잘하다「上手だ」の反義語を探します。

18. 📛 무슨 운동을 좋아해요?   どんな運動が好きですか？

   ① 골프를 좋아해요.   **ゴルフが好きです。**

   ② 그 사람을 좋아해요.   その人が好きです。

   ③ 어제 운동했어요.   昨日運動しました。

   ④ 집 앞에서 만나요.   家の前で会いましょう。

> -을/를 좋아하다《動詞》/싫어하다「～を好む，～が好きだ／～を好まない，～が嫌い」
> -이/가 좋다《形容詞》/나쁘다「～がよい／～がよくない，悪い」

19. 📛 오늘이 무슨 요일이에요?   今日は何曜日ですか？

   ① 다음 주예요.   来週です。

   ② 아침이에요.   朝です。

   ③ 월요일이에요.   **月曜日です。**

   ④ 팔월 오 일이에요.   8月5日です。

> 월「月」, 화「火」, 수「水」, 목「木」, 금「金」, 토「土」, 일요일「日曜日」

20. 📛 직업이 뭐예요?   職業は何ですか？

   ① 열심히 일을 하고 있어요.   一所懸命に仕事をしています。

   ② 은행에 다닙니다.   **銀行に通っています（＝勤務しています）。**

   ③ 매일 텔레비전을 봐요.   毎日テレビを見ます。

   ④ 병원을 싫어해요.   病院が嫌いです。

> 다니다は1回きりではない行動，習慣を表す語です。
> 의사입니다「医者です」→병원에서 일합니다「病院で働いています」
> 선생님입니다「先生です」→학교에서 가르칩니다「学校で教えています」

21. 🔊 문 좀 닫아 주세요.　　　　　　　　　　　ドアを閉めてください。

① 아까 했어요.　　　　　　　　　　　　　さっきしました。

② 문을 열까요?　　　　　　　　　　　　　ドアを開けましょうか?

③ 춥습니까?　　　　　　　　　　　　　　**寒いですか?**

④ 문 옆에 있어요.　　　　　　　　　　　　ドアの横にあります。

> 逆のパターンの問題もありえますので, 一緒に確認しておきましょう。
> 창문 좀 열어 주세요.「窓を開けてください」
> 　→덥습니까? 더워요?「暑いですか?」
> 에어콘 좀 켜/꺼 주세요.「エアコンを付けて/消してください」
> 　→더워요/추워요?「暑いですか?/寒いですか?」

22. 🔊 학교에 어떻게 와요?　　　　　　　学校にはどうやって来ますか?

① 항상 아침에 와요.　　　　　　　　　　いつも朝来ます。

② 학교에 일이 많아요.　　　　　　　　　学校に仕事が多いです。

③ 일하러 와요.　　　　　　　　　　　　仕事しに来ます。

④ 버스로 와요.　　　　　　　　　　　**バスで来ます。**

> 手段や方法を聞くフレーズです。뭐로 다녀요?「何で通っていますか?」も似
> た表現ですので覚えておきましょう。

23. 🔊 꼭 연락 주세요.　　　　　　　　　必ず連絡ください。

① 네, 가겠습니다.　　　　　　　　　　　はい, 行きます。

② 아니요, 연락했어요.　　　　　　　　　いいえ, 連絡しました。

③ 네, 그렇게 하겠습니다.　　　　　　　**はい, そういたします。**

④ 아니요, 못 가요.　　　　　　　　　　いいえ, 行けません。

> 연락のみ聞取って選択肢を間違えないように気をつけましょう。

24. 🔊 자리 있어요?　　　　　　　　　　席ありますか?

① 몇 분이십니까?　　　　　　　　　　**何名様ですか?**

② 삼 만 원입니다.　　　　　　　　　　　3万ウォンです。

③ 예약하고 싶은데요.　　　　　　　　　予約したいのですが。

④ 근처 식당으로 갑시다.　　　　　　　近くの食堂へ行きましょう。

> レストランやカフェなどに入った時によく使われるやりとりです。
> 분「方」は사람「人」の敬語です。

25. 聞 주말에 같이 시험공부 할까요? 　　週末に一緒にテスト勉強しますか？

① 네, 도서관에서 공부했어요. 　　はい，図書館で勉強しました。

② 네, 좋은 아침이네요. 　　はい，いい朝ですね。

③ 좋아요, 내일 어때요? 　　いいですよ，明日はどうですか？

④ 네, 어디에서 만날까요? 　　**はい，どこで会いましょうか？**

주말에「週末に」と言っているので答えは制限されます。間違った選択肢を選ばないよう気をつけましょう。

---

26. 例 미숙 씨 못 봤어요? 　　ミスクさん見かけませんでした？

① 같이 볼 수 없어요. 　　一緒に見ることができません。

② 같이 보러 가요. 　　一緒に見に行きましょう。

③ 아마 도서관에 있을 거예요. 　　**たぶん図書館にいるはずです。**

④ 그 영화를 봤어요. 　　その映画を見ました。

보다には「見る」のほかに「(人に) 会う」という意味もあります。

---

27. 聞 어제 왜 안 왔어요? 　　昨日なぜ来なかったんですか？

① 오늘은 괜찮아요. 　　今日は大丈夫です。

② 감기 때문에 못 갔어요. 　　**風邪のせいで行けなかったんです。**

③ 조금 일찍 오세요. 　　少し早く来てください。

④ 어제는 재미있었어요. 　　昨日は楽しかったです。

왜は理由や原因を表す疑問詞ですので，理由を表したのが答えです。

例) 감기 때문에. 감기에 걸려서. 감기에 걸렸기 때문에「風邪をひいたので」
　　아팠기 때문에. 아파서「病気だったので」

---

28. 例 커피 마실까요? 　　コーヒー飲みましょうか？

① 네, 맛있어요. 　　はい，おいしいです。

② 네, 마십시다. 　　**はい，飲みましょう。**

③ 아니요, 맛이 없어요. 　　いいえ，おいしくないです。

④ 아니요, 커피가 비싸네요. 　　いいえ，コーヒーが高いですね。

-ㄹ까요?「～しましょうか？」は相手の意向を尋ねる表現です。

29. 🔲 한국에 온 지 몇 년 됐어요?　　　　　　　　韓国に来て何年になりましたか？

① 사 년이에요.　　　　　　　　　　　　　　四年ですね。
② 사 년 걸렸어요.　　　　　　　　　　　　　4年かかりました。
③ 사 년 됐어요.　　　　　　　　　　　　　**4年になりました。**
④ 사 년 후에 돌아가요.　　　　　　　　　　4年後に帰ります。

-이/가 되다「～になる」:
1년이 되다「一年になる」, 봄이 되다「春になる」,
가수가 되다「歌手になる」, 습관이 되다「習慣になる」

30. 🔲 여기 오기 전에 뭐 했어요?　　　　　　　ここに来る前に何をしましたか？

① 일본어를 가르쳤어요.　　　　　　　　　**日本語を教えました。**
② 일본어가 어려워요.　　　　　　　　　　日本語が難しいです。
③ 비행기로 왔어요.　　　　　　　　　　　飛行機で来ました。
④ 비행기가 빨라요.　　　　　　　　　　　飛行機が速いです。

-기 전에/-(으)ㄴ 후에「～する前/～した後」

31. 🔲 그 영화 언제 봤어요?　　　　　　　　その映画いつ見ましたか？

① 다음 주에 볼 거예요.　　　　　　　　　来週, 見るつもりです。
② 어제 친구하고 봤어요.　　　　　　　　**昨日, 友達と見ました。**
③ 지금 보고 싶어요.　　　　　　　　　　今, 見たいです。
④ 안 볼 거예요.　　　　　　　　　　　　見ないつもりです。

時制に気をつけましょう。

32. 🔲 한 잔 더 드릴까요?　　　　　　　　もう1杯差し上げましょうか？

① 아니요, 됐어요.　　　　　　　　　**いいえ, けっこうです。**
② 아니요, 좀 도와주세요.　　　　　いいえ, ちょっと手伝ってください。
③ 네, 필요해요?　　　　　　　　　　はい, 必要ですか？
④ 네, 아주 좋아요.　　　　　　　　　はい, とてもいいです。

ここの됐어요.は「もう十分だ, もうけっこうだ」というときに使う決り文句
です。

33. 🔊 수영하러 자주 가세요?   泳ぎによく行きますか？

① 일주일에 세 번 가요.   **週に 3 回行きます。**

② 일주일 만 가면 돼요.   1 週間だけ行けばいいです。

③ 배운 지 일주일 됐어요.   習って 1 週間になりました。

④ 일주일 만에 배울 수 있어요.   1 週間だけで習うことができます。

> 期間＋回数：このパターンを覚えましょう。
> 하루에 한 번「日に 1 回」, 일주일에 두 번「週に 2 回」
> 한 달에 세 번「月に 3 回」, 일 년에 네 번「年に 4 回」など

34. 🔊 주말에 뭐 할 거예요?   週末に何をする予定ですか？

① 영화를 봤어요.   映画を見ました。

② 영화를 보려고 해요.   **映画を見るつもりです。**

③ 친구 집에 있어요.   友達の家にいます。

④ 백화점에 갔어요.   デパートに行きました。

> 動詞＋(으)려고 하다で「～しようと思う，～するつもりだ」の意味です。

35. 🔊 한국어를 얼마나 배웠어요?   韓国語をどのくらい習いましたか？

① 오 년 전에 샀어요.   5 年前に買いました。

② 아니요, 오 년 됐어요.   いいえ，5 年になりました。

③ 오 년 전부터 배웠어요.   **5 年前から習いました。**

④ 네, 오 년 전이에요.   はい，5 年前です。

> 얼마나「どのくらい」と尋ねているので，それに合う返答を選びましょう。

36. 🔊 진욱 씨는 어머니를 닮았어요?   ジヌクさんはお母さん似ですか？

① 네, 어머니를 많이 닮았어요.   **はい，母にすごく似ています。**

② 네, 어머니를 안 닮았어요.   はい，母に似ていません。

③ 아니요, 어머니를 닮았어요.   いいえ，母似です。

④ 아니요, 아버지를 안 닮았어요.   いいえ，父に似ていません。

> 質問に対する返答は肯定か否定かをよく考えて選択肢を選びましょう。

出題パターン **2**

最初の音声を聞き，会話の答えとして最もふさわしい選択肢を選びます。

4 Pattern-2

_{次を　　　聞き　〈例〉の　　　ように　次の　言葉に　　続く　　言葉を　選びなさい}
※ [5~6] 다음을 듣고 〈보기〉와 같이 다음 말에 이어지는 말을 고르십시오.

┌─────────────────〈보기〉─────────────────┐

_{さようなら}
가: 안녕히 계세요.

나:＿＿＿＿＿＿＿＿＿＿

_{お話しください} | _{お入りください}
① 말씀하세요. | ② 어서 오세요.

_{さようなら} | _{さようなら}
❸ 안녕히 가세요. | ④ 안녕히 계세요.

└───┘

> **안녕히 계세요.** は別れる時にその場を去っていく側が言います。**안녕히 가세요.** は別れる時にその場に残っている側が言い，「気を付けてお帰りなさい」の意味があります。また，両者がその場を離れる時はお互い**안녕히 가세요(잘 가요)** と言い，逆に電話を切る時はどちらも動きませんので**안녕히 가세요.** と言います。

5. ① 미안합니다. | ② 감사합니다.
   ③ 안녕히 가세요. | ④ 실례합니다.

6. ① 다음에 오겠습니다. | ② 도와주셔서 감사합니다.
   ③ 만나서 반갑습니다. | ④ 잘 다녀오세요.

答えを導くためのアドバイス

> 　ここでは基本的に挨拶の言葉をしっかり覚えておくといいでしょう。状況別に提示されるケースが多いので，状況に合った答えがすぐ出るように簡単な会話の練習をたくさんしておきましょう。ペアになる言葉を 34 ページにまとめてありますので参考にしてください。

5. 🔊 생일 축하합니다.　　　　　　　　　　　　　　誕生日おめでとうございます。

① 미안합니다.　　　　　　　　　　　　　　　　すみません。

② 감사합니다.　　　　　　　　　　　　　　ありがとうございます。

③ 안녕히 가세요.　　　　　　　　　　　　　　さよなら。

④ 실례합니다.　　　　　　　　　　　　　　　失礼します。

○○축하합니다のフレーズには必ず감사합니다. 고맙습니다で答えます。
○○のところに入学「入学」, 졸업「卒業」, 결혼「結婚」, 취직「就職」, 합격「合格」, 생신 「お誕生日」, 승진 「昇進」などを入れて発音しながら練習しましょう。

6. 🔊 다녀오겠습니다.　　　　　　　　　　　　　　　行ってきます。

① 다음에 오겠습니다.　　　　　　　　　　　　　　後で来ます。

② 도와주셔서 감사합니다.　　　　　手伝ってくださりありがとうございます。

③ 만나서 반갑습니다.　　　　　　　　　　　会えてうれしいです。

④ 잘 다녀오세요.　　　　　　　　　　気を付けて行ってらっしゃい。

다녀오겠습니다. は, 玄関先で出かける人が言う決り文句です。 다녀왔습니다 「行ってきました→ただいま」の意味です。

パターン2でよく出る挨拶の言葉やつながる言葉はなるべくペアで覚えておきましょう。右側を赤シートで隠して，ペアになる会話を予想してみてください。

가	나
□ 안녕하세요? こんにちは。	□ 안녕하세요? こんにちは。 □ 만나서 반갑습니다. 会えてうれしいです。
□ 안녕히 계세요./잘 있어. さよなら。	□ 안녕히 가세요./잘 가. さよなら。 □ 다음에 또 오세요. また来てください。
□ (맛있게/어서) 드세요. (おいしく/早く) 召し上がってください。	□ 잘 먹겠습니다. いただきます。
□ 좀 더 드세요. もっと召し上がってください。	□ 아니요, 많이 먹었습니다. いいえ, たくさん食べました。 □ 잘 먹었습니다. ごちそうさまでした。
□ ～ 축하해요./축하 드립니다. ～おめでとうございます。 □ 여기 앉으세요. ここに座ってください。	□ 고마워요./감사합니다. ありがとうございます。
□ ～ 씨 부탁합니다. 《電話》 ～さんお願いします。 □ ～ 씨 계세요? ～さんいらっしゃいますか？	□ 전데요. (저인데요の省略形) 私です。 □ 잠시(잠깐)만 기다리세요. 少々お待ちください。 □ 지금 안 계시는데요. 今, おりません。
□ 처음 뵙겠습니다. はじめまして。	□ 처음 뵙겠습니다. はじめまして。 □ 잘 부탁합니다. よろしくお願いします。

☐ 잘 부탁합니다. よろしくお願いします。	☐ (저야말로) 잘 부탁합니다. (こちらこそ) よろしくお願いします。
☐ 다녀오겠습니다. 行ってきます。	☐ 잘 다녀오세요. 行っていらっしゃい。
☐ ~ 씨에게 말씀 좀 전해 주세요. ~さんに伝言をお伝えください。	☐ 알겠습니다. わかりました/承知しました。
☐ 내일 다시 오세요. 明日また来てください。	
☐ ~ 씨 집/댁이지요? ~さんのお家/お宅ですよね！	☐ 네, 그런데요. はい, そうです。
☐ 실례합니다. 失礼します。	☐ 들어오세요. お入りください。
☐ 계십니까? いらっしゃいますか？	☐ 어서 오세요. いらっしゃい。
☐ 주말 잘 보내세요. よい週末をお過ごしください。	☐ 네, (월요일)에 뵙겠습니다. はい, (月曜日)にお会いしましょう。
☐ 부탁이 있는데요. お願いがあります。	☐ 뭔데요? 何でしょうか？
☐ (실례지만) 말씀 좀 묻겠습니다. (失礼ですが)ちょっとお尋ねいたします。	☐ 네, 말씀하세요. はい, どうぞ (おっしゃってください)。
☐ 도와줘서 고마워요. 手伝っていただきありがとうございます。	☐ 아니에요. いいえ。
☐ 늦어서 미안해요. 遅れてすみません。	☐ 괜찮습니다. 大丈夫です。
☐ 도와주지 못해서 미안해요. 手伝ってあげられなくてごめんなさい。	☐ 괜찮아요. 大丈夫です。
☐ 제가 도와 드리겠습니다. 私が手伝って差し上げます。	☐ 감사합니다. ありがとうございます。
☐ 메뉴 좀 보여 주세요. メニューを見せてください。	☐ 여기 있습니다. どうぞ (ここにあります)。
☐ ~ 좀 주세요. ~をください。	

□ **전화 잘못 거셨습니다.** お電話間違ってお掛けですよ。	□ **죄송합니다. / 미안합니다.** すみません。
□ **오랜만이에요.** お久しぶりです。	□ **잘 지냈어요?** お元気でしたか？ □ **네, 반갑습니다.** はい、(会えて) うれしいです。
□ **그동안 어떻게 지냈어요?** どうお過ごしでしたか？	□ **(덕분에) 잘 지냈습니다.** (おかげさまで) 元気にしていました。
□ **여기 앉으세요.** ここに座ってください。	□ **감사합니다** ありがとうございます。
□ **거기 ~이지요?** そこは～ですよね？	□ **네, 그렇습니다.** はい、そうです。 □ **아니요, 전화 잘못 거셨습니다.** いいえ、違います。

電話対応の表現

もしもし？	여보세요?
はい, 私です。	네, 접니다.(저입니다)
失礼ですが誰ですか？	실례지만 누구세요?
~《名前》さんに変わってください。	~ 씨 좀 바꿔 주십시오.
少々お待ちください。	잠시만/잠깐만 기다려 주십시오.
何番にお掛けですか？	몇 번에 거셨어요?
お電話間違ってお掛けですよ。	전화 잘못 거셨습니다.
今, 席におりません。	지금 자리에 안 계십니다.
メモをお願いいたします。	메모 좀 부탁드립니다.
メッセージをお伝えください。	말씀 좀 전해 주세요.
後でまたご連絡差し上げます。	나중에 다시 연락 드리겠습니다.
~後にまたご連絡ください。	~ 후에 다시 연락 주십시오.
いつお帰りですか？	언제 돌아오십니까?
~後に戻られます。	~ 후에 돌아오실 겁니다.

電話関連表現

国際／市外／公衆／無料電話	국제/시외/공중/무료 전화
電話を掛ける	전화를 걸다
電話に出る	전화를 받다
電話を切る	전화를 끊다
電話が来る／来ない	전화가 오다/안 오다
通話中である	통화 중이다
間違って掛ける	전화를 잘못 걸다
メッセージを残す	메시지를 남기다
電話料金を払う	전화 요금을 내다
コイン／カードを入れる	동전을/카드를 넣다

留守番電話のメッセージ

今お掛けになった電話はない番号です。	지금 거신 전화는 없는 번호입니다.
電話番号をご確認のうえ,掛け直してください。	전화 번호를 확인하신 후 다시 걸어 주십시오.
ただいま電話に出ることができません。	지금 전화를 받을 수 없습니다. 지금 전화를 받지 않습니다.
ご要件のある方は電話番号やメッセージを残してください。	용건이 있으신 분은 전화 번호나 메시지를 남겨 주십시오.

1. ① 네, 처음 뵙겠습니다.　　② 좋겠습니다.
　　③ 잘 모르겠습니다.　　　　④ 안녕히 가세요.

2. ① 구월 팔일이에요.　　　② 제 생일이에요.
　　③ 목요일이에요.　　　　　④ 여섯 시예요.

3. ① 네, 병원에 없어요.　　② 네, 병원에서 일해요.
　　③ 아니요, 의사예요.　　④ 아니요, 의사가 없어요.

4. ① 많이 드셨어요?　　　② 많이 기다렸어요?
　　③ 잘 먹었습니다.　　　④ 잘 먹겠습니다.

5. ① 은행 옆에 있습니다.　　② 네, 우체국이 아니에요.
　　③ 네, 괜찮습니다.　　　　④ 휴게실이 있습니다.

6. ① 네, 안녕히 가세요.　　② 안녕하세요?
　　③ 네, 반가워요.　　　　④ 죄송해요.

7. ① 네, 가요.　　　　　　② 아니요, 없어요.
　　③ 네, 내리고 있어요.　④ 아니요, 왔어요.

8. ① 잘 지내세요.　　　　　② 고맙습니다.
　　③ 잠시만 기다리세요.　④ 다음에 또 오겠습니다.

9. ① 감사합니다.　　　　② 네, 말씀하세요.
　　③ 이 길로 가세요.　④ 네, 거기서 기다리세요.

10. ① 네, 맛있어요.　　　　　② 네, 좋아요.
　　③ 네, 컵이 없어요.　　　　④ 네, 음료수예요.

11. ① 항상 집에 있어요.　　　② 학교에서 봅시다.
　　③ 네, 어서 오세요.　　　　④ 네, 다음 주에 봐요.

12. ① 제가 하겠습니다.　　　　② 식당이에요.
　　③ 먼저 가세요.　　　　　④ 식사했어요?

13. ① 십 분쯤 됐어요.　　　　② 어제 기다렸어요.
　　③ 아니요, 좋아하지 않아요.　④ 내일 갈게요.

14. ① 부탁해요.　　　　　　　② 아니에요.
　　③ 네, 지금 가요.　　　　　④ 아니요, 죄송해요.

15. ① 잘 먹겠습니다.　　　　　② 잘 부탁드립니다.
　　③ 잘 지냅니다.　　　　　④ 네, 잠시만 기다리세요.

16. ① 네, 곧 가겠습니다.　　　② 네, 지금 됩니까?
　　③ 맛있게 드십시오.　　　　④ 내일 또 오세요.

17. ① 네, 그러세요.　　　　　② 네, 맞습니다.
　　③ 네, 잘 지내요.　　　　　④ 안녕히 계세요.

18. ① 아니요, 잘못 거셨습니다.　② 오래 기다리셨습니다.
　　③ 네, 알겠습니다.　　　　④ 집에서 기다리겠습니다.

1. 📋 처음 뵙겠습니다.　　　　　　　　　　　　　　　初めまして。
　① 네, 처음 뵙겠습니다.　　　　　　　　　　　**はい, 初めまして。**
　② 좋겠습니다.　　　　　　　　　　　　　　　よさそうですね。
　③ 잘 모르겠습니다.　　　　　　　　　　　　よくわかりません。
　④ 안녕히 가세요.　　　　　　　　　　　　　さようなら。

2. 🔊 오늘이 며칠이에요?　　　　　　　　　　　　　今日は何日ですか？
　① 시월 팔일이에요.　　　　　　　　　　　**10月8日です。**
　② 제 생일이에요.　　　　　　　　　　　　私の誕生日です。
　③ 목요일이에요.　　　　　　　　　　　　木曜日です。
　④ 여섯 시예요.　　　　　　　　　　　　　6時です。

3. 📋 의사예요?　　　　　　　　　　　　　　　　　お医者さんですか？
　① 네, 병원에 없어요.　　　　　　はい, 病院にいません／ありません。
　② 네, 병원에서 일해요.　　　　　　**はい, 病院で働いてます。**
　③ 아니요, 의사예요.　　　　　　　いいえ, 医者です。
　④ 아니요, 의사가 없어요.　　　　いいえ, 医者がいません。

4. 🔊 어서 드세요.　　　　　　　　　　　　　早く召し上がってください。
　① 많이 드셨어요?　　　　　　たくさん召し上がりましたか？
　② 많이 기다렸어요?　　　　　　ずいぶん待ちましたか？
　③ 잘 먹었습니다.　　　　　　　ごちそうさまでした。
　④ 잘 먹겠습니다.　　　　　　　**いただきます。**

> 料理などを勧めるフレーズは，많이／천천히／맛있게／식기 전에 드세요.「たくさん／ゆっくり／おいしく／冷める前に召し上がってください」もよく使います。

5. 📋 우체국이 어디에 있어요?　　　　　　　　郵便局はどこにありますか？
　① 은행 옆에 있습니다.　　　　　　　**銀行の隣にあります。**
　② 네, 우체국이 아니에요.　　　　　はい, 郵便局ではありません。
　③ 네, 괜찮습니다.　　　　　　　　はい, 大丈夫です。
　④ 휴게실이 있습니다.　　　　　　休憩室があります。

6. 🔴 그럼 내일 봐요. では明日会いましょう。

① 네, 안녕히 가세요. はい，気を付けてお帰りなさい。
② 안녕하세요? こんにちは。
③ 네, 반가워요. はい，うれしいです。
④ 죄송해요. ごめんなさい。

7. 🔵 밖에 비가 와요? 外は雨降っていますか？

① 네, 가요. はい，行きます。
② 아니요, 없어요. いいえ，ありません。
③ 네, 내리고 있어요. はい，降っています。
④ 아니요, 왔어요. いいえ，来ました。

> 비가 오고 있어요. も同じ表現です。ここでの오다は「来る」ではなく「降る」の意味なので注意が必要です。내리다は「降りる」の意味もあります。

8. 🔴 여보세요? 정수민 씨 좀 바꿔 주세요. もしもし？ チョンスミンさんお願いします。

① 잘 지내세요. 元気でお過ごしください。
② 고맙습니다. ありがとうございます。
③ 잠시만 기다리세요. 少々お待ちください。
④ 다음에 또 오겠습니다. 今度また来ます。

> 電話対応の表現の表現は 36 ページを参照しましょう。

9. 🔵 실례지만 말씀 좀 묻겠습니다. すみません，ちょっとお尋ねします。

① 감사합니다. ありがとうございます。
② 네, 말씀하세요. はい，どうぞ。
③ 이 길로 가세요. この道へ行ってください。
④ 네, 거기서 기다리세요. はい，そこで待ってください。

> 말씀は말「言葉」の敬語です。

10. 🔴 같이 한잔할래요? 一緒に一杯やりますか。

① 네, 맛있어요. はい，おいしいです。
② 네, 좋아요. はい，いいです。
③ 네, 컵이 없어요. はい，コップがありません。
④ 네, 음료수예요. はい，飲料水です。

11. 🔈 주말 잘 보내세요. 　　　　　　　　　週末，元気にお過ごしください。

  ① 항상 집에 있어요. 　　　　　　　　　　　　いつも家にいます。

  ② 학교에서 봅시다. 　　　　　　　　　　　　学校で会いましょう。

  ③ 네, 어서 오세요. 　　　　　　　　　　はい，いらっしゃいませ。

  ④ 네, 다음 주에 봐요. 　　　　　　　　　**はい，来週に会いましょう。**

---

12. 🔈 점심 먹으러 갑시다. 　　　　　　　　ご飯食べに行きましょう。

  ① 제가 하겠습니다. 　　　　　　　　　　　　私がします。

  ② 식당이에요. 　　　　　　　　　　　　　　食堂です。

  ③ 먼저 가세요. 　　　　　　　　　　**先に行ってください。**

  ④ 식사했어요? 　　　　　　　　　　　食事しましたか？

> 아침, 점심, 저녁은 後ろに 먹다 が来ると「朝ご飯」「昼ご飯」「夕ご飯」の意味にとられます。
>
> 例) 아침 밥을 먹다／아침을 먹다／아침 식사를 하다「朝ご飯を食べる」
>
> 식사하다と먹다를 使う時はちょっと気を付けましょう。
>
>   밥을 먹다「ご飯を食べる」(○)
>
>   아침 식사하다「朝の食事をする」(○)
>
>   밥을 식사하다「ご飯を食事する」(×)

---

13. 🔈 언제부터 기다렸어요? 　　　　　　　いつから待ってましたか？

  ① 십 분쯤 됐어요. 　　　　　　　　**10分くらい経ちました。**

  ② 어제 기다렸어요. 　　　　　　　　　昨日待ちました。

  ③ 아니요, 좋아하지 않아요. 　　　いいえ，好きではありません。

  ④ 내일 갈게요. 　　　　　　　　　　　明日行きます。

---

14. 🔈 늦어서 미안해요. 　　　　　　　　遅くなってごめんなさい。

  ① 부탁해요. 　　　　　　　　　　　　　お願いします。

  ② 아니에요. 　　　　　　　　　**いいえ (大丈夫ですよ)。**

  ③ 네, 지금 가요. 　　　　　　　　　　はい，今行きます。

  ④ 아니요, 죄송해요. 　　　　　　　　いいえ，すみません。

> 受け答えとしては괜찮아요.「大丈夫です」も考えられます。

15. 🈁 여기 물 좀 주세요.   ここにお水ください。

   ① 잘 먹겠습니다.   いただきます。

   ② 잘 부탁드립니다.   よろしくお願いいたします。

   ③ 잘 지냅니다.   元気にしています。

   ④ 네, 잠시만 기다리세요.   **はい，少々お待ちください。**

---

16. 🈀 저기요, 여기 주문받으세요.   あのですね，注文とってください。

   ① 네, 곧 가겠습니다.   **はい，すぐ行きます。**

   ② 네, 지금 됩니까?   はい，今出来ますか？

   ③ 맛있게 드십이오.   おいしく召し上がってください。

   ④ 내일 또 오세요.   明日また来てください。

> 주문하다. 주문 받다 「注文を受ける」のほかに시키다にも「注文する」の意味があります。

---

17. 🈁 이거 가져가도 돼요?   これ持って行ってもいいですか？

   ① 네, 그러세요.   **はい，どうぞ。**

   ② 네, 맞습니다.   はい，正しいです。

   ③ 네, 잘 지내요.   はい，元気です。

   ④ 안녕히 계세요.   さよなら。

> 그러세요. ＝ 그렇게 하세요. 「そうしなさい」の意味です。

---

18. 🈀 김 선생님 댁이지요?   キム先生のお宅ですよね。

   ① 아니요, 잘못 거셨습니다.   **いいえ，間違ってお掛けですよ。**

   ② 오래 기다리셨습니다.   お待たせしました。

   ③ 네, 알겠습니다.   はい，かしこまりました。

   ④ 집에서 기다리겠습니다.   家でお待ちいたします。

> 電話の応対です。
> 네, 그런데요. 「はい，そうですが」，네. 맞습니다. 「はい，合ってます」，
> 네. 말씀하세요. 「はい，どうぞ」
> 댁 「お宅」は집「家」の敬語表現。

出題パターン **3**

会話をしているのは「どこ」なのか，場所を選ぶ問題です。

 6 **Pattern-3**

ここは　どこですか？　　〈例〉の　ように　正しい　ものを　選びなさい
※ [7~10] 여기는 어디입니까? 〈보기〉와 같이 알맞은 것을 고르십시오.

〈보기〉

どんな御用でしょうか？
가: 어떻게 오셨어요?

これ　韓国の　お金に　　換えて　ください
나: 이거 한국 돈으로 바꿔 주세요.

<table>
<tr><td>銀行</td><td>市場</td><td>図書館</td><td>博物館</td></tr>
<tr><td>❶ 은행</td><td>② 시장</td><td>③ 도서관</td><td>④ 박물관</td></tr>
</table>

一般的にお金を使うところは銀行や市場ですが両替してほしいと言っているので銀行が正解ですね。

7. ① 시장　　　　② 지하철　　　③ 공항　　　　④커피숍

8. ① 학교　　　　② 문구점　　　③ 식당　　　　④ 회사

9. ① 서점　　　　② 식당　　　　③ 옷 가게　　　④ 안경점

10. ① 미용실　　　② 시장　　　　③ 우체국　　　④ 서점

答えを導くためのアドバイス

　会話中に場所がわかるキーワードが出てきます。場所別に関連語をまとめて覚えるのもいい方法です。例えば医者，看護師，身体のどこかが痛いなどの単語が聞こえたら，ここは病院だと推測できます。また，服や帽子，靴，食器などの単語が聞こえたら，デパートや市場が連想できます。このように関連語の連想が重要となります。多くの単語の意味がわかれば簡単に答えが探せます。

　解説ではヒントとなるキーワードに下線してありますので，リスニングの練習問題が終わったら，次は選択肢を隠し，キーワードのみで正解が言えるかチャレンジしてみてください。

7. **여** 커피 두 잔 주세요. コーヒー2杯ください。

남 여기서 드실 겁니까? ここでお飲みになりますか？

① 시장	市場	② 지하철	地下鉄
③ 공항	空港	**④ 커피숍**	カフェ

8. **남** 뭘 드시겠어요? 何を召し上がりますか？

여 삼계탕 하나 주세요. サムゲタン（参鶏湯）1つください。

① 학교	学校	② 문구점	文具店
③ 식당	食堂	④ 회사	会社

9. **여** 뭘 도와 드릴까요? 何をお手伝いしましょうか？

남 까만색 바지를 찾고 있는데요. 黒色のズボンを探しているのですが。

① 서점	書店	② 식당	食堂
③ 옷 가게	洋服店	④ 안경점	眼鏡店

10. **남** 어떻게 해 드려요? どのようにいたしましょうか？

여 짧게 자르고 싶은데요. 短く切りたいです。

① 미용실	美容室	② 시장	市場
③ 우체국	郵便局	④ 서점	書店

銀行	은행	市場	시장	図書館	도서관
博物館	박물관	花屋	꽃집	食堂	식당
教室	교실	薬局	약국	空港	공항
タクシー	택시	郵便局	우체국	デパート	백화점
ホテル	호텔	会社	회사	劇場	극장
パン屋	빵집	書店	서점, 책방	公園	공원
写真館	사진관	美容室	미용실	病院	병원
旅行会社	여행사	大使館	대사관	停留場	정류장
美術館	미술관	運動場	운동장	店	가게
電車駅	기차역	学校	학교	服屋	옷 가게
コンビニ	편의점	文具店	문구점	カフェ	커피숍, 카페
プール	수영장	映画館	영화관, 극장	家	집
事務室	사무실	地下鉄駅	지하철역	駐車場	주차장
寄宿舎	기숙사	眼鏡店	안경점	果物屋	과일 가게
靴屋	신발 가게	カバン店	가방 가게	バス	버스
切符売場	매표소	修理店	수리점	展示会場	전시회장
カラオケ	노래방	家具店	가구점	クリーニング屋	세탁소
床屋	이발소	横断歩道	횡단보도	スーパー	슈퍼마켓, 마트

46

一緒に	같이, 함께	ずいぶん	무척	とても	아주, 매우
本当に	참, 정말, 진짜	もっと	더	まだ	덜, 아직
いつも	늘, 항상, 언제나	はやく	빨리, 일찍	ゆっくり	천천히
すでに	벌써	ちょっと前	아까	あとで	이따가, 나중에
たぶん	아마	少し	좀, 조금	たまに	가끔
熱心に	열심히	すぐ	금방, 곧	よく	자주
先に	먼저	全然	전혀	長く	오래
ほとんど	거의	まず	우선	前もって	미리
もう (これから)	이제	全部	다, 전부	続けて	계속
しばらく	잠시	すべて	모두	必ず	꼭
ずっと	쭉	たくさん	많이	突然	갑자기
特に	특히	特別に	특별히	直ちに	바로
別途に	따로	まだ	덜, 아직	さっさと	어서
再び	다시	あまり	별로, 너무	もちろん	물론
最も	가장	また	또	まっすぐ	똑바로, 곧장
ぐっすり	푹	よく	잘	互いに	서로
若干	약간	新たに	새로	はるかに	훨씬
主に	주로	もう	그만	やはり	역시

	接続副詞				
そして	그리고	それで	그래서	ですから	그러니까
ところが	그런데	それでは	그러면	しかし	그러나
けれども	그렇지만	でも	그래도		

1. ① 은행　　② 병원　　③ 빵집　　④ 공원

2. ① 약국　　② 회사　　③ 교실　　④ 대사관

3. ① 극장　　② 미술관　　③서점　　④도서관

4. ① 우체국　　② 공원　　③ 사진관　　④ 약국

5. ① 공원　　② 공항　　③ 서점　　④ 백화점

6. ① 대사관　　② 약국　　③ 영화관　　④ 노래방

7. ① 매표소　　② 주차장　　③ 시장　　④ 사무실

8. ① 우체국　　② 박물관　　③ 공원　　④ 여행사

9. ① 꽃집　　② 공원　　③ 정류장　　④ 집

10. ① 커피숍　　② 택시 안　　③ 지하철역　　④ 빵집

11. ① 수리점　　② 안경점　　③ 서점　　④ 문구점

12. ① 회사　　② 은행　　③ 백화점　　④ 교실

13. ① 공항　　② 영화관　　③ 여행사　　④ 서점

14. ① 교실　　② 빵집　　③ 커피숍　　④ 호텔

15. ① 은행　　② 꽃집　　③ 구두 가게　　④ 학교

16. ① 교회　　② 교실　　③ 편의점　　④ 병원

17. ① 가방 가게   ② 신발 가게   ③ 모자 가게   ④ 옷 가게

18. ① 세탁소   ② 꽃집   ③ 서점   ④ 대사관

19. ① 도서관   ② 전시회장   ③ 교실   ④ 회사

20. ① 미용실   ② 시장   ③ 학교   ④ 회사

21. ① 기숙사   ② 공원   ③ 사진관   ④ 식당

22. ① 공항   ② 주차장   ③ 사무실   ④ 약국

23. ① 공원   ② 가구점   ③ 서점   ④ 편의점

24. ① 문구점   ② 식당   ③ 꽃집   ④ 커피숍

25. ① 주차장   ② 시장   ③ 극장   ④ 학교

26. ① 사진관   ② 대사관   ③ 박물관   ④ 미술관

27. ① 시장   ② 꽃집   ③ 빵집   ④ 병원

28. ① 식당   ② 약국   ③ 기숙사   ④ 서점

29. ① 시장   ② 은행   ③ 미용실   ④ 병원

30. ① 회사   ② 집   ③ 슈퍼마켓   ④ 식당

31. ① 사무실   ② 학교   ③ 우체국   ④ 지하철

32. ① 커피숍   ② 영화관   ③ 노래방   ④ 학교

8 Pattern-3
EX33-36

33. ① 과일 가게　② 약국　　③ 호텔　　④ 학교

34. ① 대사관　　② 문구점　③ 사진관　④ 세탁소

35. ① 영화관　　② 미술관　③ 서점　　④ 운동장

36. ① 공원　　　② 주차장　③ 횡단보도　④ 이발소

1. 여 어떻게 오셨습니까?   どうなさいましたか？

　　남 기침도 나고 열도 있어서요.   咳も出るし熱もあるもので。

① 은행	銀行	❷ 병원	病院
③ 빵집	パン屋	④ 공원	公園

2. 남 선생님, 시험이 언제입니까?   先生, テストはいつですか？

　　여 다음 주부터입니다.   来週からです。

① 약국	薬局	② 회사	会社
❸ 교실	教室	④ 대사관	大使館

3. 여 책은 며칠 동안 빌릴 수 있어요?   本は何日間借りられますか？

　　남 이주일입니다.   2週間です。

① 극장	劇場	② 미술관	美術館
③ 서점	書店	❹ 도서관	図書館

4. 남 편지를 부치려고 해요.   手紙を送ろうと思っています。

　　여 우표는 2번 창구로 가세요.   切手は2番窓口へ行ってください。

❶ 우체국	郵便局	② 공원	公園
③ 사진관	写真館	④ 약국	薬局

5. 여 아이들 옷은 몇 층이에요?   子ども服は何階ですか？

　　남 4층입니다.   4階です。

① 공원	公園	② 공항	空港
③ 서점	書店	❹ 백화점	デパート

6. 남 오후 네 시 표는 아직 있습니다.   午後4時のチケットはまだあります。

　　여 그럼 두 장 주세요.   では2枚ください。

① 대사관	大使館	② 약국	薬局
❸ 영화관	映画館	④ 노래방	カラオケ

7. 🔲 서울역에 가고 싶은데 표를 어디에서 사요?

ソウル駅に行きたいのですが，切符はどこで買いますか？

🔲 표는 여기서 사면 됩니다.

切符はここでお買いになれます。

① 매표소	切符売り場	② 주차장	駐車場
③ 시장	市場	④ 사무실	事務室

8. 🔲 오늘 부산에 가는 비행기 표가 있어요?

今日ブサンに行く航空券はありますか？

🔲 오후 여섯 시 표가 있어요.

午後6時のチケットがあります。

① 우체국	郵便局	② 박물관	博物館
③ 공원	公園	❹ 여행사	旅行会社

9. 🔲 몇 번을 기다리세요?

何番を待っていますか？

🔲 8번 버스요.

8番のバスです。

① 꽃집	花屋	② 공원	公園
❸ 정류장	停留場	④ 집	家

10. 🔲 저기 버스 정류장 앞에서 좀 세워 주세요.

あそこのバス停の前で停めてください。

🔲 네, 알겠습니다.

はい，かしこまりました。

① 커피숍	カフェ	❷ 택시 안	タクシーの中
③ 지하철역	地下鉄の駅	④ 빵집	パン屋

11. 🔲 휴대 전화를 고치는데 얼마나 걸려요?

携帯を直すにはどのくらいかかりますか？

🔲 일주일이면 됩니다.

1週間で十分です。

① 수리점	修理店	② 안경점	眼鏡店
③ 서점	書店	④ 문구점	文具店

12. 🔊 시험 중이니까 조용히 하세요. 　　試験中ですから静かにしてください。

🔊 네, 미안합니다. 　　はい, すみません。

① 회사	会社	② 은행	銀行
③ 백화점	デパート	④ 교실	教室

13. 🔊 그럼 2층 출발 로비에서 기다릴게요. では, 2階の出発ロビーで待っています。

🔊 네, 금방 갈게요. 　　はい, すぐ行きます。

① 공항	空港	② 영화관	映画館
③ 여행사	旅行会社	④ 서점	書店

14. 🔊 지난주에 방을 예약했는데요. 　　先週, 部屋を予約しました。

🔊 네, 성함이 어떻게 되세요? 　　はい, お名前は何でしょうか。

① 교실	教室	② 빵집	パン屋
③ 커피숍	カフェ	④ 호텔	ホテル

15. 🔊 장미가 참 예쁘네요. 열 송이만 주세요.

　　バラがとても綺麗ですね。10本だけください。

🔊 네, 알겠습니다. 　　はい, わかりました。

① 은행	銀行	② 꽃집	花屋
③ 구두 가게	靴屋	④ 학교	学校

16. 🔊 봉투가 필요하세요? 　　レジ袋はいりますか?

🔊 아니요, 가지고 왔어요. 　　いいえ, 持ってきました。

① 교회	教会	② 교실	教室
③ 편의점	コンビニ	④ 병원	病院

17. 🔴 이 색은 마음에 안 드는데, 다른 색깔은 없어요?

この色は気に入らないのでほかの色はありませんか？

🔵 까만색은 어때요? 한번 신어 보세요.

黒はどうですか？ 一度履いてみてください。

① 가방 가게	カバン屋	❷ 신발 가게	靴屋
③ 모자 가게	帽子屋	④ 옷 가게	服屋

18. 🔵 이 바지 언제 찾으러 오면 돼요? このズボンいつ取りにくればいいですか？

🔴 다음 주 수요일에 오세요. 来週の水曜日に来てください。

❶ 세탁소	クリーニング屋	② 꽃집	花屋
③ 서점	書店	④ 대사관	大使館

19. 🔴 사진을 찍어도 돼요? 写真を撮ってもいいですか？

🔵 네, 하지만 작품을 만지면 안 됩니다. はい，しかし作品に触ってはいけません。

① 도서관	図書館	❷ 전시회장	展示場
③ 교실	教室	④ 회사	会社

20. 🔵 사장님을 만나러 왔는데요. 社長に会いに来ました。

🔴 통화 중이시니까 잠시만 기다리십시오. 電話中ですので少々お待ちください。

① 미용실	美容室	② 시장	市場
③ 학교	学校	❹ 회사	会社

21. 🔴 저는 여기에 아이들과 자주 와요. 私はここに子どもたちとよく来ます。

🔵 아주 조용하고 아이들이 놀 곳이 참 많네요.

とても静かで子どもたちが遊ぶところが本当に多いですね。

① 기숙사	寄宿舎	❷ 공원	公園
③ 사진관	写真館	④ 식당	食堂

22. 🔵 이거 복사 좀 부탁해요.　　　　　　これコピーお願いします。

　　 🔴 네, 알겠습니다.　　　　　　　　　　はい，わかりました。

① 공항	空港	② 주차장	駐車場
③ 사무실	**事務室**	④ 약국	薬局

23. 🔴 아이 책상을 보러 왔는데요.　　　　子どもの机を見に来ました。

　　 🔵 이 책상은 어때요?　　　　　　　　　この机はどうですか？

① 공원	公園	② 가구점	**家具店**
③ 서점	書店	④ 편의점	コンビニ

24. 🔵 공책 두 권, 볼펜 세 자루예요.　　　ノート2冊，ボールペン3本です。

　　 🔴 모두 칠천 오백 원입니다.　　　　　　全部で7,500ウォンです。

① 문구점	**文具店**	② 식당	食堂
③ 꽃집	花屋	④ 커피숍	カフェ

25. 🔴 오늘 수업은 여기까지입니다.　　　　今日の授業はここまでです。

　　 🔵 선생님, 오늘 숙제는 없습니까?　　　先生，今日宿題はありませんか。

① 주차장	駐車場	② 시장	市場
③ 극장	劇場	④ 학교	**学校**

26. 🔵 여권에 쓸 거예요.　　　　　　　　　パスポートに使う予定です。

　　 🔴 자, 찍습니다. 여길 보시고 움직이지 마세요.

　　　　　　　　　　　　　　　　　　はい，撮ります。ここを見て動かないでください。

① 사진관	**写真館**	② 대사관	大使館
③ 박물관	博物館	④ 미술관	美術館

27. 🔴 카드도 필요하세요?　　　　　　　　カードもいりますか？

　　 🔵 아니요, 생일 케이크만 주세요.　　　いいえ，誕生日ケーキだけください。

① 시장	市場	② 꽃집	花屋
③ 빵집	**パン屋**	④ 병원	病院

28. 🔵 뭘 찾으세요?   何をお探しですか？

    🔴 요리책을 찾고 있어요.   料理本を探しています。

① 식당	食堂	② 약국	薬局
③ 기숙사	寄宿舎	**❹ 서점**	**書店**

29. 🔴 아저씨, 오이 좀 주세요.   おじさん，キュウリください。

    🔵 몇 개 드려요?   何個差し上げますか？

❶ 시장	**市場**	② 은행	銀行
③ 미용실	美容室	④ 병원	病院

30. 🔵 이 소파는 어디에 놓을까요?   このソファーはどこに置きましょうか？

    🔴 거실 창문 앞에 놔 주세요.   リビングの窓の前に置いてください。

① 회사	会社	**❷ 집**	**家**
③ 슈퍼마켓	スーパー	④ 식당	食堂

31. 🔴 다음에서 내리세요?   次で降りるんですか？

    🔵 네, 저는 다음 역에서 갈아타야 해요. はい，私は次の駅で乗り換えなければなりません。

① 사무실	事務室	② 학교	学校
③ 우체국	郵便局	**❹ 지하철**	**地下鉄**

32. 🔵 무슨 노래를 부를 거예요?   どんな歌を歌いますか？

    🔴 지금 찾는 중이에요.   今探しているところです。

① 커피숍	カフェ	② 영화관	映画館
❸ 노래방	**カラオケ**	④ 학교	学校

33. 🔴 이건 어떻게 먹어요?   これはどう飲むんですか？

    🔵 이 약은 하루에 세 번 식사 후에 드세요.

                            この薬は１日３回，食後に飲んでください。

① 과일 가게	果物屋	**❷ 약국**	**薬局**
③ 호텔	ホテル	④ 학교	学校

34. 🔳 언제 오면 돼요? いつ来ればいいですか？

🔳 여권은 2 주 후에 찾으러 오세요. パスポートは2週間後に取りに来てください。

① 대사관	大使館	② 문구점	文具店
③ 사진관	写真館	④ 세탁소	クリーニング屋

35. 🔳 이 사진은 정말 멋있네요. この写真は本当に素敵ですね。

🔳 사진 같지만 연필로 그린 거예요. 写真のようですが鉛筆で描いたものですよ。

① 영화관	映画館	② 미술관	美術館
③ 서점	書店	④ 운동장	運動場

36. 🔳 빨리 갑시다. 早く行きましょう。

🔳 안 돼요. 신호등이 파란색일 때 건너야 합니다.

ダメですよ。信号が青の時に渡らなければ行けません。

① 공원	公園	② 주차장	駐車場
③ 횡단보도	横断歩道	④ 이발소	床屋

「何について」話しているのかを選ぶ問題です。

 9 Pattern-4

※ [11~14] ^{次は} 次は ^{何に ついて 話して います}か? 다음은 무엇에 대해 말하고 있습니까? ^{〈例〉の ように 正しい ものを 選びなさい}〈보기〉와 같이 알맞은 것을 고르십시오.

---〈보기〉---

^{誰ですか?}
가: 누구예요?

^{この 人は 兄で この 人は 弟です}
나: 이 사람은 형이고, 이 사람은 동생이에요.

^{家族} ❶ 가족	^{友達} ② 친구	^{先生} ③ 선생님	^{両親} ④ 부모님

この状況はたぶん写真を見ながら説明するのでしょう。選択肢はすべて人を表す単語ですが兄や弟のことを説明しているので家族が正解ですね。

11. ① 요일 ② 날짜 ③ 약속 ④ 시간

12. ① 가격 ② 운동 ③ 음식 ④ 장소

13. ① 직업 ② 취미 ③ 날씨 ④ 시간

14. ① 요일 ② 계절 ③ 직업 ④ 가족

答えを導くためのアドバイス

　会話を聞いて「何について話しているのか」を選ぶのですが，もちろん会話にヒント，つまりキーワードがあります。例えば 딸기（イチゴ）いう単語が聞こえたら，果物について話をしているのだと想像できるはず。

　ここでは最初にしゃべる人の内容で答えが出るケースもありますが，多くの問題は最初に聞こえた単語やフレーズで，ある程度のことを予測をしておき，後でしゃべる人の内容を聞いて答えを確定すればいいでしょう。

11. 여 지금 몇 시예요?　今何時ですか？

　 남 세 시 십오 분이에요.　3時15分です。

① 요일	曜日	② 날짜	日にち
③ 약속	約束	❹ 시간	時間

12. 남 김치찌개를 좋아하세요?　キムチチゲは好きですか？

　 여 맛있지만 너무 매워요.　おいしいけど辛すぎます。

① 가격	価格	② 운동	運動
❸ 음식	食べ物	④ 장소	場所

13. 여 진호 씨는 뭘 해요?　ジノさんは何をしていますか？

　 남 학교 선생님이에요.　学校の先生です。

❶ 직업	職業	② 취미	趣味
③ 날씨	天気	④ 시간	時間

14. 남 혼자예요?　ひとりですか？

　 여 아니요, 동생이 두 명 있어요.　いいえ，弟（妹）が2人います。

① 요일	曜日	② 계절	季節
③ 직업	職業	❹ 가족	家族

　練習問題を通して選択肢に挙げられている単語は繰り返されますので自然に覚えていくと思いますが，まず単語を見た瞬間，一秒も迷うことなくその意味がわかっているのかどうか，韓国語を赤シートで隠して自分の実力をチェックしてみましょう。

家族	가족	友達	친구	先生	선생님
父母	부모	国	나라	年齢	나이
時間	시간	名前	이름	場所	장소
日付	날짜	休日	휴일	住所	주소
趣味	취미	運動	운동	食べ物	음식
食事	식사	誕生日	생일	交通	교통
週末	주말	計画	계획	約束	약속
休み	방학	授業	수업	映画	영화
紹介	소개	プレゼント	선물	曜日	요일
位置	위치	職業	직업	故郷	고향
仕事	일	味	맛	写真	사진
家	집	駅	역	季節	계절
健康	건강	旅行	여행	カレンダー	달력
メニュー	메뉴	履物	신발	時計	시계
気分	기분	野菜	채소	果物	과일
お菓子	과자	肉	고기	小包	소포

服	옷	値段	값, 가격	家具	가구
切符	표	色	색, 색깔	勉強	공부
学生	학생	絵	그림	招待	초대
集まり	모임	学校	학교	水泳	수영
靴下	양말	書店	서점, 책방	手袋	장갑
帽子	모자	踊り	춤	都市	도시
郵便局	우체국	夢	꿈	弟	남동생
妹	여동생	動物	동물	公園	공원
(携帯) 電話	(휴대)전화	挨拶	인사	楽器	악기
カバン	가방	登山	등산	音楽	음악
本	책	買い物	쇼핑	ノート	공책
おかず	반찬				

1. ① 집　　② 학교　　③ 계획　　④ 생일

2. ① 운동　　② 사진　　③ 그림　　④ 선물

3. ① 여행　　② 수업　　③ 계획　　④ 날씨

4. ① 모양　　② 값　　③ 휴일　　④ 물건

5. ① 날씨　　② 모자　　③ 우산　　④ 집

6. ① 요일　　② 소개　　③ 위치　　④ 맛

7. ① 취미　　② 나라　　③ 계절　　④ 약속

8. ① 약속　　② 일　　③ 집　　④ 계획

9. ① 장소　　② 선물　　③ 생일　　④ 가족

10. ① 과일　　② 채소　　③ 영화　　④ 생일

11. ① 교통　　② 위치　　③ 이름　　④ 음식

12. ① 가족　　② 장소　　③ 그림　　④ 사진

13. ① 가게　　② 값　　③ 소포　　④ 옷

14. ① 역　　② 휴일　　③ 수업　　④ 식사

15. ① 계획　　② 공부　　③ 취미　　④ 기분

16. ① 그림　　② 소포　　③ 취미　　④ 과일

17. ① 나이　　② 시간　　③ 이름　　④ 가족

18. ① 지하철　　② 여행　　③ 장소　　④ 계절

19. ① 날씨　　② 운동　　③ 음악　　④ 가족

20. ① 한국어　　② 노래　　③ 그림　　④ 악기

21. ① 기숙사　　② 고향　　③ 여행　　④ 유학

22. ① 메뉴　　② 직업　　③ 값　　④ 채소

23. ① 볼펜　　② 공책　　③ 책　　④ 사진

24. ① 장소　　② 약속　　③ 일　　④ 시간

25. ① 동물　　② 선물　　③ 취미　　④ 그림

26. ① 여행　　② 교통　　③ 등산　　④ 운전

27. ① 약　　② 우유　　③ 모자　　④ 안경

28. ① 직업　　② 형제　　③ 나이　　④ 고향

29. ① 가수　　② 음악　　③ 영화　　④ 운동

30. ① 소풍　　② 친구　　③ 선물　　④ 가족

31. ① 소개　　② 사진　　③ 학교　　④ 직업

32. ① 치마　　② 셔츠　　③ 우산　　④ 안경

33. ① 귀국　　② 모임　　③ 시합　　④ 신청

34. ① 휴가　　② 선물　　③ 약속　　④ 가족

35. ① 생일　　② 날씨　　③ 국적　　④ 사진

36. ① 수업　　② 취미　　③ 학교　　④ 교통

1. 🗣 여기 살아요?　　　　　　　　　ここに住んでいるんですか？

　　 🗣 네, 3층에 살아요.　　　　　　　　はい，３階に住んでいます。

❶ 집	家	② 학교	学校
③ 계획	計画	④ 생일	誕生日

2. 🗣 그거 언제 찍었어요?　　　　　　　それいつ撮ったんですか？

　　 🗣 대학생 때 찍은 거예요.　　　　　　大学のときに撮ったんです。

① 운동	運動	❷ 사진	写真
③ 그림	絵	④ 선물	プレゼント

3. 🗣 일요일에 뭐 할 거예요?　　　　　　日曜日に何する予定ですか？

　　 🗣 친구하고 운동할 거예요.　　　　　友達と運動するつもりです。

① 여행	旅行	② 수업	授業
❸ 계획	計画	④ 날씨	天気

4. 🗣 그 구두 비쌌어요?　　　　　　　　その靴高かったですか？

　　 🗣 아니요, 쌌어요.　　　　　　　　　いいえ，安かったです。

① 모양	模様	❷ 값	値段
③ 휴일	休日	④ 물건	品物

5. 🗣 지금도 비가 와요?　　　　　　　　今も雨降ってますか？

　　 🗣 아니요, 이제 안 와요.　　　　　　いいえ，もう降っていません。

❶ 날씨	天気	② 모자	帽子
③ 우산	傘	④ 집	家

6. 🗣 불고기는 어때요?　　　　　　　　プルコギはどうですか？

　　 🗣 맵지 않고 맛있어요.　　　　　　　辛くなくておいしいです。

① 요일	曜日	② 소개	紹介
③ 위치	位置	❹ 맛	味

7. 🔵 저는 가을을 좋아해요. 私は秋が好きです。

　　🔴 저도요. 私もですよ。

① 취미	趣味	② 나라	国
③ 계절	季節	④ 약속	約束

8. 🔴 다음 주 수요일에 만나기로 했지요? 来週の水曜日に会うことにしましたよね？

　　🔵 네, 저녁 7시예요. はい，夕方7時ですよ。

① 약속	約束	② 일	仕事
③ 집	家	④ 계획	計画

9. 🔵 아이가 언제 태어났어요? 子どもはいつ生まれましたか？

　　🔴 9월8일에 태어났어요. 9月8日に生まれました。

① 장소	場所	② 선물	プレゼント
③ 생일	誕生日	④ 가족	家族

10. 🔴 바나나를 좋아해요? バナナは好きですか？

　　🔵 아니요, 전 딸기를 좋아해요. いいえ，私はイチゴが好きです。

① 과일	果物	② 채소	野菜
③ 영화	映画	④ 생일	誕生日

11. 🔵 저, 고향식당이 어디에 있어요? あの，コヒャン(故郷)食堂はどこにありますか？

　　🔴 저기 편의점 뒤에 있어요. あちらのコンビニの裏にあります。

① 교통	交通	② 위치	位置
③ 이름	名前	④ 음식	食べ物

12. 🔴 이거 연필로 그린 거예요. これ鉛筆で描いたものです。

　　🔵 와~ 꼭 사진 같아요. わあ～，まるで写真のようです。

① 가족	家族	② 장소	場所
③ 그림	絵	④ 사진	写真

13. 🔳 바지가 잘 어울리네요. ズボンがよく似合いますね。

🔳 고마워요. 생일 선물로 언니한테서 받았어요.
ありがとうございます。誕生日プレゼントとして姉からもらいました。

① 가게	店	② 값	値段
③ 소포	小包	④ 옷	服

14. 🔳 내일은 쉬는 날이에요? 明日は休みですか？

🔳 네, 추석이라서 3일 동안 쉬어요. はい、チュソク（秋夕）なので三日間休みです。

① 역	駅	② 휴일	休日
③ 수업	授業	④ 식사	食事

15. 🔳 낚시 좋아하세요? 釣りは好きですか？

🔳 아니요, 저는 사진 찍기를 좋아해요. いいえ、私は写真を撮るのが好きです。

① 계획	計画	② 공부	勉強
③ 취미	趣味	④ 기분	気分

16. 🔳 안에 뭐가 들었어요? 中に何が入っていますか？

🔳 전부 책이에요. 全部本です。

① 그림	絵	② 소포	小包
③ 취미	趣味	④ 과일	果物

17. 🔳 아이가 몇 살이에요? 子どもは何歳ですか？

🔳 다음 주면 두 살이 돼요. 来週で２歳になります。

① 나이	年齢	② 시간	時間
③ 이름	名前	④ 가족	家族

18. 🔳 어디서 만날까요? どこで会いましょうか？

🔳 지하철역 입구에서 만납시다. 地下鉄駅の入口で会いましょう。

① 지하철	地下鉄	② 여행	旅行
③ 장소	場所	④ 계절	季節

19. 🔵 동생은 수영 잘하세요?　　　　　弟（妹）さんは水泳得意ですか？

🔴 물론이에요. 테니스도 잘 쳐요.　　　もちろんです。テニスも上手です。

| ① 날씨 | 天気 | ②운동 | 運動 |
| ③ 음악 | 音楽 | ④ 가족 | 家族 |

20. 🔴 어머 잘 치시네요. 언제부터 배웠어요?

　　　　　　　　あら～，すごいですね。いつから習ってるんですか？

🔵 열 살 때부터 치기 시작했어요.　　10歳の時から弾き始めました。

| ① 한국어 | 韓国語 | ② 노래 | 歌 |
| ③ 그림 | 絵 | ④악기 | 楽器 |

21. 🔵 졸업 후에 뭐 하실 거예요?　　　　卒業後に何をなさいますか？

🔴 외국에서 공부를 계속하고 싶어요.　　外国で勉強を続けたいです。

| ① 기숙사 | 寄宿舎 | ② 고향 | 故郷 |
| ③ 여행 | 旅行 | ④유학 | 留学 |

22. 🔴 이 집은 뭐가 맛있어요?　　　　　このお店は何がおいしいですか？

🔵 다 맛있지만 특히 냉면이 맛있어요.

　　　　　　　　全部おいしいですが，特に冷麺がおいしいですよ。

| ①메뉴 | メニュー | ② 직업 | 職業 |
| ③ 값 | 値段 | ④ 채소 | 野菜 |

23. 🔵 그거 어디서 샀어요?　　　　　　それどこで買いましたか？

🔴 도서관에서 빌린 거예요.　　　　図書館で借りたものです。

| ① 볼펜 | ボールペン | ② 공책 | ノート |
| ③책 | 本 | ④ 사진 | 写真 |

24. 🔴 내일 몇 시에 떠나요?　　　　　明日何時に出発ですか？

🔵 아침 일곱 시예요.　　　　　　　朝7時ですよ。

| ① 장소 | 場所 | ② 약속 | 約束 |
| ③ 일 | 仕事 | ④시간 | 時間 |

25. 🔵 고양이를 좋아하세요?　　　　　　　　　　猫が好きですか？

　　🔴 저는 고양이보다 개를 더 좋아해요.　　　私は猫より犬がもっと好きです。

① 동물	動物	② 선물	プレゼント
③ 취미	趣味	④ 그림	絵

26. 🔴 어제 친구하고 산에 갔다 왔어요.　　　昨日友達と山に行ってきました。

　　🔵 힘들지 않았어요?　　　　　　　　　　疲れませんでしたか？

① 여행	旅行	② 교통	交通
③ 등산	登山	④ 운전	運転

27. 🔵 이건 언제 먹어요?　　　　　　　　　　これはいつ飲むのですか？

　　🔴 머리가 아플 때 드시면 돼요.　　　　　頭が痛いときに飲めばいいですよ。

① 약	薬	② 우유	牛乳
③ 모자	帽子	④ 안경	眼鏡

28. 🔴 일본에서 태어났어요?　　　　　　　　日本で生まれましたか？

　　🔵 아니요, 미국에서 태어나고 자랐어요.　いいえ, アメリカで生まれて育ちました。

① 직업	職業	② 형제	兄弟
③ 나이	年齢	④ 고향	故郷

29. 🔵 이거 들어 본 적 있어요?　　　　　　　これ聞いてみたことありますか？

　　🔴 그럼요, 요즘 가장 인기 있는 노래예요.　もちろん, 最近一番人気のある歌ですよ。

① 가수	歌手	② 음악	音楽
③ 영화	映画	④ 운동	運動

30. 🔴 누가 여자 친구예요?　　　　　　　　誰が彼女ですか？

　　🔵 여기 안경 쓴 사람이에요.　　　　　　この眼鏡を掛けた人です。

① 소풍	遠足	② 친구	友達
③ 선물	プレゼント	④ 가족	家族

31. 🔈 인사하세요, 이쪽이 과장님이세요. ご挨拶ください。こちらが課長です。

🔈 처음 뵙겠습니다. 잘 부탁드립니다. 初めまして，よろしくお願いいたします。

① 소개	紹介	② 사진	写真
③ 학교	学校	④ 직업	職業

32. 🔈 참 잘 어울리네요. 本当によく似合いますね。

🔈 요즘 눈이 안 좋아서 하나 샀어요. この頃，目が悪くなってひとつ買いました。

① 치마	スカート	② 셔츠	シャツ
③ 우산	傘	④ 안경	眼鏡

33. 🔈 일본으로 언제 돌아가세요? 日本にいつお帰りになりますか？

🔈 다음 주예요. 来週です。

① 귀국	帰国	② 모임	集まり
③ 시합	試合	④ 신청	申請

34. 🔈 토요일이 아빠 생일인데 뭐가 좋을까요? 土曜はパパの誕生日ですが何がいいでしょうか？

🔈 글쎄요. 넥타이나 지갑이 어때요? そうですね。ネクタイや財布はどうですか？

① 휴가	休暇	② 선물	プレゼント
③ 약속	約束	④ 가족	家族

35. 🔈 저 분은 어느 나라 사람이에요? あの方はどこの国の人ですか？

🔈 아마 영국 사람일 거예요. たぶんイギリス人でしょう。

① 생일	誕生日	② 날씨	天気
③ 국적	国籍	④ 사진	写真

36. 🔈 뭐로 가는 게 빠를까요? 何で行くのが速いでしょうか？

🔈 지금은 지하철이 좋을 거예요. 今は地下鉄がいいでしょう。

① 수업	授業	② 취미	趣味
③ 학교	学校	④ 교통	交通

音声を聞き，4つの絵から会話の内容として最もふさわしいものを選びます。

 12 Pattern-5

次の 対話を 聞いて 正しい 絵を 選びなさい

※ [15~16] 다음 대화를 듣고 알맞은 그림을 고르십시오.

1.
①  ②

③  ④

2.
①  ②

③  ④

15-16　訳

15. 🔵 졸업 축하해요. 이건 졸업 선물이에요.　卒業おめでとう。これ卒業のプレゼントです。

　　🔴 고마워요.　　　　　　　　　　　　　　　　　　　ありがとう。

　졸업「卒業」という単語がわかればすぐ選べる問題ですね。ここで紛らわしいのは誰が，何をしてもらうのかということです。絵をよく見て混同しないように気をつけましょう。

16. 🔵 취미가 뭐예요?　　　　　　　　　　　　　　　　趣味は何ですか？

　　🔴 저는 산에 자주 가요.　　　　　　　　　　　　私は山によく行きます。

　산에 가다, 등산하다「山に行く，登山する」をきちんと覚えておきましょう。初級レベルの趣味を話す時によく使われます。

天気についての関連表現

雨が降る	비가 오다/내리다
雨が／雪が止む	비가/눈이 그치다
雪が降る	눈이 오다/내리다
風が吹く	바람이 불다
天気がいい／悪い	날씨가 좋다/나쁘다
天気が晴れている／曇っている	날씨가 맑다/ 날씨가 흐리다
雲が／霧がかかる	구름이/안개가 끼다
台風が来る	태풍이 오다
雷がする／稲妻が光る	천둥/번개가 치다

病気についての関連表現

頭が痛い	머리가 아프다	診察する	진찰하다
お腹を下す	배탈이 나다	風邪を引く	감기에 걸리다
咳が出る	기침이 나다	軟膏を塗る	연고를 바르다
鼻水が出る	콧물이 나다	絆創膏を貼る	밴드/반창고를 붙이다
鼻血が出る	코피가 나다	目薬を入れる	안약을 넣다
熱が出る	열이 나다	注射を打つ／打たれる	주사를 놓다/맞다
熱が上がる	열이 오르다	薬を飲む	약을 먹다
熱が下がる	열이 내리다	病院に行く	병원에 가다
病気になる	병이 나다	薬局に行く	약국에 가다
病気にかかる	병에 걸리다	健康保険	건강 보험
治療する	치료하다	保険に入る	보험에 들다

反対の単語も一緒に覚えましょう。

好きだ	좋다	⇔	嫌いだ，いやだ	싫다
よい	좋다	⇔	悪い	나쁘다
多い	많다	⇔	少ない	적다
大きい	크다	⇔	小さい	작다
高い	높다	⇔	低い	낮다
遠い	멀다	⇔	近い	가깝다
長い	길다	⇔	短い	짧다
広い	넓다	⇔	狭い	좁다
おいしい	맛있다	⇔	おいしくない	맛없다
熱い	뜨겁다	⇔	冷たい	차갑다
寒い	춥다	⇔	暑い	덥다
暖かい	따뜻하다	⇔	冷たい	차다
高い《値段》	비싸다	⇔	安い	싸다
速い	빠르다	⇔	遅い	느리다
早い	이르다	⇔	遅い	늦다
難しい	어렵다	⇔	易しい	쉽다
簡単だ	간단하다	⇔	複雑だ，混雑している	복잡하다
重い	무겁다	⇔	軽い	가볍다
うれしい	기쁘다	⇔	悲しい	슬프다
厚い	두껍다	⇔	薄い	얇다
きれい《清潔》	깨끗하다	⇔	汚い	더럽다
静かだ	조용하다	⇔	うるさい	시끄럽다
強い	강하다，세다	⇔	弱い	약하다
安全だ	안전하다	⇔	危ない，危険だ	위험하다

1.

①

②

③

④

2.

①

②

③

④

3.

① 　②

③ 　④

4.

① 　②

③ 　④

5. ①  ②

③  ④

6. ①  ②

③  ④

14 Pattern-5
EX5-8

7. ①

②

③

④

8. ①

②

③

④

9. ①  ②

③  ④

10. ①  ②

③  ④

11.

①

②

③

④

12.

①

②

③

④

13.

①
②

③
④

14.

①
②

③
④

15. ①  ②

③  ④

16. ①  ②

③  ④

17. ① 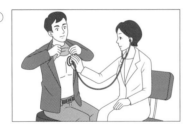 ②

③  ④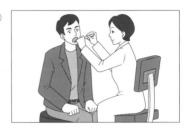

18. ①  ②

③  ④

1. 여 이 구두 신어 봐도 돼요? この靴履いてみてもいいですか？

님 네, 이쪽으로 오세요. はい，こちらへどうぞ。

구두「靴」を聞き取れれば何の話かがわかります。また，신어 봐도 돼요? は相手に許可を求める表現ですので，どんなシチュエーションなのかが予測できますね。

2. 여 할아버지, 이쪽으로 앉으세요. おじいさん，こちらにお座りください。

님 고마워요 학생. ありがとう，学生さん。

男性が女性に고마워요「ありがとうございます」と言っていることから，会話のシチュエーションを想像してみましょう。

3. 여 손님, 주문하시겠어요? お客様，ご注文なさいますか？

님 김밥 하나 하고 김치찌개 주세요. キムパプ1つとキムチチゲください。

김밥「キムパプ」，김치찌개「キムチチゲ」から，会話の場所を連想し，最後の주세요（ください）から状況を把握しましょう。

4. 📻 지민 씨, 지금 어디 가요? ジミンさん，どこに行くところですか？

📗 머리가 아파서 약을 사러 약국에 가요. 頭が痛くて薬を買いに薬局に行くんですよ。

📻 네, 조심해서 가세요. はい，気をつけて行ってください。

머리가 아파서「頭が痛いので」から，まず場所を連想できますね。そのすぐ後の약「薬」，약국「薬局」から選択肢が絞れます。

5. 📗 이 침대는 어디에 놓을까요? このベッドはどこに置きますか。

📻 그 침대는 저쪽 방에 놓아 주세요. そのベッドはあちらの部屋に置いてください。

📗 네, 알겠습니다. はい，わかりました。

침대「ベッド」，어디「どこ」，방「部屋」が聞き取れれば，놓다の意味がわからなくても連想できます。また，女性が저쪽「あちら」と述べていることから，女性の立ち位置が把握できるでしょう。

6. 📻 시간이 없으니까 택시를 탑시다. 時間がないからタクシーに乗りましょう。

📗 아니에요, 지금 이 시간은 택시보다 지하철이 훨씬 빨라요.
いいえ，今のこの時間はタクシーより地下鉄がずっと速いですよ。

📻 아, 저기에 지하철역 입구가 있네요. あっ，あちらに地下鉄駅の入口がありますね。

それぞれ택시「タクシー」，지하철「地下鉄」のみを聞き取り，別の選択肢を選ばないよう気をつけましょう。

7. 여 이게 올해 대상을 받은 작품이에요.　　これが今年の大賞をもらった作品です。

남 와 멋지네요. 뭐로 만든 걸까요?　すばらしいですね。何で作ったのでしょうか？

여 민영 씨! 전시회 작품을 만지면 안 돼요.

　　　　　　　　ミニョンさん！　展示会の作品を触ってはいけません。

最後のフレーズ만지면 안 됩니다「触ってはいけません」が決め手ですね。

---

8. 여 저 죄송한데요. 자리를 잘못 앉으신 것 같은데요.

　　　　　あの〜，すみませんが。席を間違えて座っていらっしゃるようです。

남 네? 11A가 아닌가요?　　　　　えっ？　11A ではありませんか？

여 여긴 10A인데요.　　　　　　　ここは 10A ですよ。

最初のフレーズから会話の場面を映画館や飛行機など推測できるので，そこから絵を見て絞っていきましょう。席の確認なので「①（チケット売り場）」ではありませんね。

---

9. 남 회의 시작했어요?　　　　　　　　　　会議始まりましたか？

여 네, 방금 시작했어요. 빨리 들어가세요.

　　　　　　　　はい，たった今始まりました。早く入ってください。

남 어제 부탁한 자료 좀 빨리 주세요.　　昨日お願いした資料を早くください。

회의「会議」から場所を推測できますし，자료「資料」，빨리「はやく」という単語から状況を把握し，絵をしぼっていきましょう。

10. 🔴 오랜만에 자전거를 타니까 기분이 좋네요.

久しぶりに自転車に乗ると気持ちいいですね。

🔵 네, 바람도 시원하네요.

はい，風も涼しいですね。

🔴 그런데 곧 비가 올 것 같아요. 빨리 돌아가요.

ところがもうすぐ雨が降りそうです。早めに帰りましょう。

①  ②  ③  ④

비가 올 것 같아요. を聞き取れるかがポイントとなってきます。時制に注意しましょう。

11. 🔵 우체국에서 왔습니다. 소포입니다.

郵便局から来ました。小包です。

🔴 네, 고맙습니다.

はい，ありがとうございます。

🔵 여기에 사인 좀 해 주세요.

ここにサインをしてください。

①  ②  ③ ④

우체국「郵便局」，소포「小包」，사인「署名」がキーワードです。

12. 🔴 민호 씨, 이 사진 어디서 찍었어요? ミノさん，この写真どこで撮りましたか？

🔵 친구와 가까운 산에 갔을 때 찍은 거예요.

友達と近くの山に行ったときに撮ったものです。

🔴 너무 멋있어요.

とても素敵です。

①  ② ③  ④

사진을 찍다「写真を撮る」に惑わされないように注意！ 男性が説明しているのがポイントです。

13. 🔳 어? 어디 갔지? 혹시 제 휴대폰 못 봤어요?

ん？ どこ行った？ もしかして僕の携帯電話見てませんか？

🔳 글쎄요. 전 모르겠는데요. さあ～。私は知りませんが。

🔳 아까 저쪽 책상 위에 놔뒀는데⋯⋯. さっきあっちの机の上に置いたはずだけど…。

🔳 이거 아니에요? 여기 책상 밑에 떨어져 있네요.

これじゃないですか？ ここの机の下に落ちてますね。

① 　② 　③ 　④

위「上」밑「下」など，位置関係をしっかり押さえておきましょう。

---

14. 🔳 이 코트 세탁해 주세요. このコートをクリーニングお願いします。

🔳 드라이클리닝이에요? ドライクリーニングですか？

🔳 네, 언제 찾으러 오면 돼요? はい，いつ取りに来ればいいでしょうか？

🔳 모레 오세요. 明後日来てください。

① 　② 　③ 　④

これはコート「コート」が聞き取れればすぐにわかる問題ですね。

---

15. 🔳 어? 비가 오네요. あら，雨が降ってますね。

🔳 그러네요. 우산이 없으면 저랑 같이 써요.

そうですね。傘がなければ僕と一緒に差しましょう。

🔳 아니에요, 저기 편의점에서 사면 돼요.

いいえ，あそこのコンビニで買えばいいです。

🔳 그럼 편의점까지 같이 갑시다. ではコンビニまで一緒に行きましょう。

① 　② 　③ 　④

비가 오네요. と 우산 ～ 같이 써요. から会話の状況がおおよそ推測できます。

16. 🔵 여기 이 책들을 빌리고 싶습니다.　　ここのこの本を借りたいです。

　　🔴 책을 빌리려면 카드가 있어야 합니다.　本を借りるにはカードが必要です。

　　🔵 네, 여기 카드 있습니다.　　　　　　はい，ここにあります。

　　🔴 책은 한 번에 5권까지 이주일 동안입니다.

　　　　　　　　　　　　　　　　本は一度に５冊までで２週間です。

책「本」，빌리다「借りる」，카드「カード」の単語で図書館を連想できます。最後の女性のセリフで貸し出しの場面であることがはっきりしますね。

---

17. 🔴 어떻게 오셨어요?　　　　　　　　どうなさいましたか？

　　🔵 어젯밤부터 목이 아프고 기침이 나요.　昨夜から喉が痛いし，咳も出ます。

　　🔴 입을 크게 아～ 해 보세요.　　　口を大きく，あ～してみてください。

　　🔵 《입을 크게 벌리면서》 아～.　　《口を大きく開けながら》あ～。

　　🔴 목이 많이 부었네요.　　　　　喉がかなり腫れていますね。

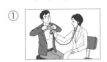

목이 아프다「喉が痛い」，기침이 나다「咳が出る」で病気のことを話していると推測できます。それに口を大きく開けることで診察していると判断できるので，医者と患者の会話の絵を選べばいいですね。

18. 🔵 《숨이 차서 힘들어하면서》 저는 이제 더 이상 못 가겠어요.

《息苦しくてしんどい表情で》私はもうこれ以上は行けません。

🔴 조금만 더 힘내세요. 이제 다 왔어요.

もう少し頑張ってください。もう着きます。

🔵 마라톤이 이렇게 힘든 운동인지 몰랐어요.

マラソンがこんなに大変な運動だとは知りませんでした。

🔴 포기하지 않고 끝까지 뛰었네요. 정말 대단해요.

諦めずに最後まで走りましたね。本当にすごいですね。

① 　② 　③ 　④

마라톤「マラソン」, 운동「運動」という単語が聞こえたら簡単に正解が選べられますし, 끝까지 뛰다から状況が理解できます。

出題パターン *6*

会話の内容と同じものを選ぶ問題です。

 18 Pattern-6

次を 聞いて 〈例〉の ように 対話 内容と 同じ ものを 選びなさい
※ [17~21] 다음을 듣고 〈보기〉와 같이 대화 내용과 같은 것을 고르십시오.

〈보기〉

> 男性 手紙を 書くんですか?
> 남자: 편지를 써요?
>
> 女性 はい 弟(妹)に 手紙を 書きます
> 여자: 네. 동생한테 편지를 써요.
>
> 男性は 弟(妹)です
> ① 남자는 동생입니다.
>
> 女性は 手紙を 読みます
> ② 여자는 편지를 읽습니다.
>
> 男性は 手紙を 書きます
> ③ 남자는 편지를 씁니다.
>
> 女性は 弟(妹)が います
> ❹ 여자는 동생이 있습니다.

17. ① 남자는 지금 병원에 있습니다.
    ② 여자는 아파서 병원에 있습니다.
    ③ 두 사람은 같이 병원에 갑니다.
    ④ 여자는 몸이 안 좋아서 병원에 갑니다.

18. ① 남자는 집에서 공부를 합니다.
    ② 남자는 일을 할 겁니다.
    ③ 여자는 귀국했습니다.
    ④ 남자는 쉽니다.

19. ① 남자는 자동차로 옵니다.
    ② 여자는 자전거로 옵니다.
    ③ 여자는 걸어서 다닙니다.
    ④ 여자는 집이 멉니다.

20. ① 남자는 도서관에 갈 겁니다.

    ② 남자는 도서관에 있습니다.

    ③ 여자는 친구에게서 책을 빌렸습니다.

    ④ 두 사람은 책을 읽었습니다.

21. ① 여자는 미국에 갑니다.

    ② 여자는 이번 토요일에 옵니다.

    ③ 두 사람은 처음 만났습니다.

    ④ 두 사람은 오랜만에 만났습니다.

😀 答えを導くためのアドバイス

　内容の多くは先に話をする人が話の内容の核心について質問する形なので，最初のフレーズでヒントを得ることが重要です。答えはだいたい次に話す人か，最後の会話にありますが，短い会話なので集中して聞き，類似表現もしっかり押さえておかなければなりません。選択肢に同じ単語が繰り返し出ていると，その単語と関連のある内容になると推測できます。パターン6からは選択肢も単語ではなく，短い文章になりますので，「前もって選択肢を読んでおく」ことが大事です。なお選択肢は読んでから日本語訳を考えるのではなく，ハングルを追いながら意味を浮かべる練習をしましょう。注意すべきことは，誰が質問をしたのか，誰が答えたのか，つまり女性が言ったか，男性が言ったかを混同しないことです。

　設問は2回読まれますので，音声の1回目で答えがわかればマークし，2回目が読まれる間に次の問題の選択肢を読んでおくことをおすすめします。また，読むスピードが遅い場合は選択肢に多く出てくる「남자는～，여자는～，두 사람은～」などは飛ばして読みましょう。会話の中で核心的な内容を理解すれば簡単に解くことができます。「誰が，いつ，どこで，何を」に焦点を当てながら聞きましょう。

　パターン6までで聞取りの点数が70点になり，2級合格の最低ラインに達します。できる限りここまでに少しでも多く点数が取れるようにしましょう。

17. 🔵 지금 어디 가요? 　　　　　　　　　　今, どこに行くんですか？

　　🔴 갑자기 배가 너무 아파서 병원에 가요.
　　　　　　　　　　　　　　　　突然お腹がすごく痛くなったので病院に行きます。

　　🔵 조심해서 다녀오세요. 　　　　　　気を付けていってらっしゃい。

　　　① 남자는 지금 병원에 있습니다. 　　　男性は今病院にいます。
　　　② 여자는 아파서 병원에 있습니다. 　　女性は具合が悪くて病院にいます。
　　　③ 두 사람은 같이 병원에 갑니다. 　　　2人は一緒に病院に行きます。
　　　④ 여자는 몸이 안 좋아서 병원에 갑니다.
　　　　　　　　　　　　　　　　女性は具合が悪くて病院に行きます。

18. 🔵 방학 때 뭐 할 거예요? 　　　　　　休みの期間中, 何をするつもりですか？

　　🔴 저는 귀국할 거예요. 태준 씨는요? 　私は帰国します。テジュンさんは？

　　🔵 저는 아르바이트를 해야 해요. 　　　僕はバイトをしなければなりません。

　　　① 남자는 집에서 공부를 합니다. 　　　男性は家で勉強をします。
　　　② 남자는 일을 할 겁니다. 　　　　　　**男性は仕事をする予定です。**
　　　③ 여자는 귀국했습니다. 　　　　　　　女性は帰国しました。
　　　④ 남자는 쉽니다. 　　　　　　　　　　男性は休みます。

19. 🔴 민호 씨, 자전거로 다녀요? 　　　　　ミノさん, 自転車で通っていますか？

　　🔵 네, 인애 씨는 학교에 어떻게 와요? はい, イネさんは学校にどうやって来ますか？

　　🔴 학교가 가까워서 걸어서 와요. 　　　学校が近いので歩いて来ます。

　　　① 남자는 자동차로 옵니다. 　　　　　男性は自動車で来ます。
　　　② 여자는 자전거로 옵니다. 　　　　　女性は自転車で来ます。
　　　③ 여자는 걸어서 다닙니다. 　　　　　**女性は歩いて通っています。**
　　　④ 여자는 집이 멉니다. 　　　　　　　女性は家が遠いです。

20. 🗾 그 책 샀어요?　　　　　　　　　　　　　その本買いましたか？

🗾 아니요, 도서관에서 빌렸어요.　　　　いいえ，図書館で借りました。

🗾 저도 읽고 싶은 책이었는데 도서관에서 빌려야겠네요.
　　　私も読みたかった本でしたが図書館で借りたほうがいいですね。

① 남자는 도서관에 갈 겁니다.　　　　男性は図書館に行くでしょう。
② 남자는 도서관에 있습니다.　　　　男性は図書館にいます。
③ 여자는 친구에게서 책을 빌렸습니다.
　　　女性は友達から本を借りました。
④ 두 사람은 책을 읽었습니다.　　　　2人は本を読みました。

21. 🗾 오랜만이네요. 미국에서 언제 돌아왔어요?
　　　お久しぶりですね。アメリカからいつ戻りましたか？

🗾 지난주 토요일에 왔어요. 그동안 잘 지냈어요?
　　　先週の土曜日に来ました。お元気でしたか？

🗾 네, 이제 학교에서 자주 볼 수 있겠네요.
　　　はい，これから学校でしょっちゅう会えますね。

① 여자는 미국에 갑니다.　　　　女性はアメリカに行きます。
② 여자는 이번 토요일에 옵니다.　　女性は今度の土曜日に来ます。
③ 두 사람은 처음 만났습니다.　　　2人は初めて会いました。
④ 두 사람은 오랜만에 만났습니다.　　2人は久しぶりに会いました。

助数詞

~名／人／方	명, 사람, 분	~個	개	~着	벌
~杯	잔	~枚	장	~本《瓶》	병
~匹	마리	~本, 房 (ふさ)	송이	~台	대
~冊	권	~本 (鉛筆など)	자루	~階	층
~年	년	~ウォン《韓国貨幣》	원		

敬語の表現

家	집	➡ 댁		言葉	말	➡ 말씀
年齢	나이	➡ 연세		名前	이름	➡ 성함
ご飯	밥	➡ 진지		誕生日	생일	➡ 생신
人	사람	➡ 분		歯	이	➡ 치아
寝る	자다	➡ 주무시다		死ぬ	죽다	➡ 돌아가시다
食べる	먹다	➡ 드시다 잡수시다		飲む	마시다	➡ 드시다
ある	있다	➡ 있으시다 계시다*		ない	없다	➡ 없으시다 안 계시다*
する	하다	➡ 하시다				

＊人にのみ用いる。

着る	입다	基本的に着るときに。 ◆スカート「치마」 ◆ズボン「바지」 ◆韓服「한복」 ◆スーツ「양복」 ◆コート「코트」 ◆ワンピース「원피스」 ◆ブラウス「블라우스」 ◆ワイシャツ「와이셔츠」
脱ぐ	벗다	基本的に脱ぐ，外すときに。◆眼鏡「안경」
履く	신다	◆靴「구두」 ◆靴下「양말」 ◆ストッキング「스타킹」 ◆履物「신발」 ◆スリッパ「슬리퍼」 ◆ブーツ「부츠」 ◆運動靴「운동화」 ◆サンダル「샌들」 ◆登山靴「등산화」
かぶる	쓰다	◆帽子「모자」
かける	쓰다	◆眼鏡「안경」 ◆サングラス「선글라스」 ◆マスク「마스크」
はめる	끼다	◆指輪「반지」 ◆手袋「장갑」 ◆眼鏡「안경」 ◆コンタクトレンズ「콘택트렌즈」 ◆ブレスレット「팔찌」
締める	매다	◆ネクタイ「넥타이」
背負う	메다	◆カバン「가방」
はずす	빼다	◆指輪「반지」 ◆手袋「장갑」 ◆コンタクトレンズ「콘택트렌즈」
ほどく	풀다	◆ベルト「벨트」 ◆紐「끈」
する/つける	하다	◆マフラー「목도리」 ◆スカーフ「스카프」 ◆ベルト「벨트」 ◆ネックレス「목걸이」 ◆アクセサリー「액세서리」 ◆ネクタイ「넥타이」

1. ① 두 사람은 오늘 만납니다.
   ② 영화는 열두 시에 시작합니다.
   ③ 두 사람은 영화를 볼 예정입니다.
   ④ 여자는 내일 올 예정입니다.

2. ① 여자는 여행사에 갈 겁니다
   ② 남자는 여행을 갔습니다.
   ③ 여자는 여행 가방을 사고 싶습니다.
   ④ 남자는 여행을 좋아합니다.

3. ① 남자는 숙제를 다 했습니다.
   ② 두 사람은 숙제를 해야 합니다.
   ③ 숙제가 어렵지 않지만 많습니다.
   ④ 숙제가 아주 적습니다.

4. ① 남자는 매일 낚시를 합니다
   ② 여자는 낚시를 처음 해 봅니다.
   ③ 여자는 낚시를 싫어합니다.
   ④ 남자는 낚시를 싫어합니다.

5. ① 음료수는 돈을 안 내고 마실 수 있습니다.
   ② 두 사람은 같이 저녁을 먹을 겁니다.
   ③ 근처 식당은 옛날부터 있었습니다.
   ④ 남자는 벌써 점심을 먹었습니다.

6. ① 두 사람은 내일 안 만납니다.
   ② 남자는 내일 오후에 약속이 있습니다.
   ③ 두 사람은 내일 오전에 만납니다.
   ④ 여자는 오전에 다른 일이 있습니다.

7. ① 여자는 냉면을 싫어합니다.
② 냉면이 맵고 맛이 없습니다.
③ 남자는 기다린 후에 냉면을 먹습니다.
④ 점심 때는 일찍 와야 기다리지 않습니다.

8. ① 남자는 구두를 살 겁니다.
② 남자는 구두를 팔러 왔습니다.
③ 여자는 큰 사이즈 구두를 사고 싶어합니다.
④ 여자는 조금 작은 구두를 보여 줍니다.

9. ① 내일 아침부터 추워집니다.
② 내일은 따뜻합니다.
③ 내일 밤에 눈이 내릴 겁니다.
④ 남자는 내일 일찍 집을 나갑니다.

10. ① 남자는 이 가게 주인입니다.
② 카드로도 지불이 가능합니다.
③ 이 가게는 현금으로 계산해야 됩니다.
④ 남자는 이 가게에서 일합니다.

11. ① 여자는 한국에 혼자 왔습니다.
② 여자는 한국이 처음이 아닙니다.
③ 여자는 혼자 삽니다.
④ 여자는 가족이 있습니다.

12. ① 여자는 지금 은행에 있습니다.
② 남자는 지금 은행을 찾습니다.
③ 남자는 은행에 다닙니다.
④ 여자는 은행 위치를 모릅니다.

13. ① 두 사람은 내일도 같이 공부합니다.
　　② 남자는 일요일에는 공부를 안 합니다.
　　③ 여자는 일 때문에 주말에 시간이 없습니다.
　　④ 두 사람은 매일 같이 공부합니다.

14. ① 여자는 혼자 쇼핑을 했습니다.
　　② 여자는 집에서 밥을 먹었습니다.
　　③ 여자는 친구들과 시간을 보냈습니다.
　　④ 여자는 평일에 친구들을 만났습니다.

15. ① 두 사람은 다음 주에 바다를 보러 갑니다.
　　② 여자는 주말에 외출할 겁니다.
　　③ 여자는 지금 청소를 해야 합니다.
　　④ 두 사람은 같이 청소를 할 겁니다.

16. ① 오늘은 여자가 커피를 삽니다.
　　② 여자는 아침에 빵보다 밥을 먹습니다.
　　③ 여자는 커피보다 차를 마십니다.
　　④ 두 사람은 같이 커피를 마실 겁니다.

17. ① 새 집은 아주 큽니다.
　　② 이사한 집은 회사에서 가깝습니다.
　　③ 새 집 근처에는 공원이 없습니다.
　　④ 남자는 이사를 도왔습니다.

18. ① 여자는 생일 파티를 준비할 겁니다.
　　② 생일 선물로 꽃다발을 살 겁니다.
　　③ 오늘이 스티브 씨 생일입니다.
　　④ 두 사람만 함께 식사를 할 겁니다.

19. ① 교실에 온 사람은 선생님입니다.
② 여자는 중국에서 공부를 했습니다.
③ 여자는 옛날 친구를 만났습니다.
④ 여자는 미국에 간 적이 없습니다.

20. ① 책을 빌릴 때 학생증이 꼭 필요합니다.
② 책은 삼주일 동안 빌릴 수 있습니다.
③ 남자는 학생이 아닙니다.
④ 여자도 책을 빌립니다.

21. ① 여자는 한국 문화도 배우러 왔습니다.
② 여자는 한국에 대해 관심이 없습니다.
③ 여자는 한국에 온 지 일 년 되었습니다.
④ 여자는 한국어만 배웁니다.

22. ① 백화점 세일은 끝났습니다.
② 여자는 생일 선물로 모자를 받았습니다.
③ 남자는 이번 주까지 백화점에 갈 겁니다.
④ 두 사람은 같이 백화점에 갈 겁니다.

23. ① 남자는 점심을 먹습니다.
② 남자는 두통이 있습니다.
③ 여자는 머리는 아프지만 열은 없습니다.
④ 여자는 병원에 갈 예정입니다.

24. ① 회의는 오전에 있습니다.
② 여자는 곧 서류를 복사할 겁니다.
③ 필요한 서류는 없습니다.
④ 회의는 내일 오후 두 시부터입니다.

25. ① 여자는 일이 다 끝났습니다.
② 남자는 오늘 일찍 집에 갑니다.
③ 여자는 주말에 산에 갑니다.
④ 두 사람은 같이 저녁을 먹습니다.

26. ① 여자는 작년에 대학교를 졸업했습니다.
② 남자는 지금 대학생입니다.
③ 여자는 외국에서 공부하고 싶어합니다.
④ 여자는 올해 대학생이 됩니다.

27. ① 여동생의 졸업식이 있었습니다.
② 여자는 남동생에게 만년필을 선물했습니다.
③ 졸업식은 내일입니다.
④ 여자는 선물을 준비 안 했습니다.

28. ① 카메라는 가볍습니다.
② 여자는 언제나 카메라를 가지고 다닙니다.
③ 남자의 취미는 사진 찍기입니다.
④ 여자는 부모가 안 계십니다.

29. ① 남자는 다음 주에 공항까지 운전할 겁니다.
② 여자는 일요일에 귀국했습니다.
③ 남자는 여자의 짐을 쌌습니다.
④ 남자는 다음 주 일요일에 시간이 없습니다.

30. ① 두 사람은 평일에 영화를 봅니다.
② 남자는 슬픈 영화를 좋아합니다.
③ 두 사람은 같은 회사에 다닙니다.
④ 남자는 무서운 영화를 싫어합니다.

31. ① 두 사람은 숙제를 다 했습니다.

② 두 사람은 같이 숙제를 할 겁니다.

③ 여자는 집에서 숙제를 합니다.

④ 두 사람은 도서관 안에서 만납니다.

32. ① 여자는 이틀에 한 번 머리를 감습니다.

② 여자는 하루에 한 번 머리를 감습니다.

③ 여자는 저녁에 머리를 감습니다.

④ 여자는 자기 전에 머리를 감습니다.

33. ① 두 사람은 같이 걷습니다.

② 남자는 일요일에만 걷습니다.

③ 남자는 걸을 때 도구가 필요합니다.

④ 걷기 운동은 혼자서도 할 수 있습니다.

34. ① 여자는 한복을 싫어합니다.

② 여자는 이미 사진을 찍었습니다.

③ 한국 사람들은 날마다 한복을 입습니다.

④ 여자는 한복 입은 사진을 찍을 겁니다.

35. ① 전자사전은 가볍습니다.

② 여자는 사전이 필요 없습니다.

③ 전자사전은 쌉니다.

④ 여자는 오늘 전자사전을 샀습니다.

36. ① 남자는 라디오보다 텔레비전을 더 봅니다.

② 여자도 라디오를 자주 듣습니다.

③ 남자는 라디오로 한국어 듣기 공부를 합니다.

④ 여자는 음악 프로를 자주 듣습니다.

37. ① 여자는 여름에는 운동을 전혀 하지 않습니다.
② 여름에는 모자를 안 쓰고 운동하는 것이 좋습니다.
③ 여자는 너무 더울 때는 운동을 하지 않습니다.
④ 여자는 운동 중에는 물을 마시지 않습니다.

38. ① 여자가 강아지 이름을 지었습니다.
② 여자는 친구하고 매일 산책을 합니다.
③ 여자는 친구에게 강아지를 주었습니다.
④ 여자는 강아지를 싫어합니다.

39. ① 여자는 친구 집에서 삽니다.
② 여자는 기숙사에서 삽니다.
③ 두 사람은 기숙사에서 삽니다.
④ 여자는 친구가 없습니다.

40. ① 여자는 한국어를 아주 잘합니다.
② 여자는 한국 친구가 없습니다.
③ 여자는 한국어를 사용할 기회가 없습니다.
④ 여자는 졸업 후 한국어 공부를 시작했습니다.

41. ① 여자는 남자의 문자를 읽었습니다.
② 남자는 여자에게 전화했습니다.
③ 전화 수리를 아직 못 했습니다.
④ 여자는 휴대 전화를 고쳤습니다.

42. ① 과장님은 지금 사무실에 있습니다.
② 과장님은 외출했습니다.
③ 과장님은 다시 사무실로 들어오지 않습니다.
④ 과장님은 벌써 퇴근했습니다.

43. ① 여자는 다다음 주에 일이 있습니다.

② 두 사람은 이번 토요일에 만납니다.

③ 남자는 시골로 내려갈 겁니다.

④ 남자는 약속을 바꾸고 싶어합니다.

44. ① 여자는 남자를 식사에 초대했습니다.

② 여자는 한국의 식사 예절을 몰랐습니다.

③ 음식이 맛이 없습니다.

④ 여자는 밥그릇을 놓고 먹습니다.

45. ① 남자는 감기에 걸렸습니다.

② 두 사람은 같이 병원에 갈 겁니다.

③ 여자는 한국말을 잘합니다.

④ 여자는 약을 먹고 감기가 다 나았습니다.

1. 🈚 영화가 1시에 시작하니까 내일 12시에 극장 앞에서 만나요.

映画が1時に始まるから明日12時に劇場の前で会いましょう。

🈑 극장 앞은 항상 사람이 많으니까 지하철역에서 만납시다.

映画館の前はいつも人が多いから地下鉄駅で会いましょう。

🈚 좋아요. 그럼 내일 봐요.

いいですよ。では明日会いましょう。

① 두 사람은 오늘 만납니다.　　　　2人は今日会います。
② 영화는 열두 시에 시작합니다.　　映画は12時に始まります。
③ 두 사람은 영화를 볼 예정입니다.　**2人は映画を見る予定です。**
④ 여자는 내일 올 예정입니다.　　　女性は明日来る予定です。

2. 🈚 어서 오십시오. 뭘 도와 드릴까요?　いらっしゃいませ。何かお手伝いしましょうか?

🈑 저 혹시 작은 여행 가방도 있어요?　あの、もしかして小さい旅行カバンもありますか?

🈚 네, 이쪽으로 오세요.　　　　　　はい、こちらへどうぞ。

① 여자는 여행사에 갈 겁니다.　　　女性は旅行会社に行きます。
② 남자는 여행을 갔습니다.　　　　男性は旅行に行きました。
③ 여자는 여행 가방을 사고 싶습니다.　**女性は旅行カバンを買いたいです。**
④ 남자는 여행을 좋아합니다.　　　男性は旅行が好きです。

3. 🈚 숙제 다 했어요?　　　　　　　宿題全部終わりましたか?

🈑 아니요, 아직 다 못했어요.　　　いいえ、まだ全部終わっていません。

🈚 저도요. 숙제가 어렵고 너무 많아서 시간이 걸리네요.

私もです。宿題が難しくて多すぎるので時間がかかりますね。

① 남자는 숙제를 다 했습니다.　　　男性は宿題を全部やりました。
② 두 사람은 숙제를 해야 합니다.　　**2人は宿題をしないといけません。**
③ 숙제가 어렵지 않지만 많습니다.　宿題が難しくないけど多いです。
④ 숙제가 아주 적습니다.　　　　　宿題がとても少ないです。

4. 여 낚시가 취미세요? 　　　　　　　　釣りが趣味ですか？

　　남 네, 일주일에 두세 번은 와요. 　　　はい，週に2，3回は来ます。

　　여 저는 오늘이 처음인데 재미있네요. 　私は今日が初めてですが面白いですね。

　　① 남자는 매일 낚시를 합니다. 　　　　男性は毎日釣りをします。
　　❷ 여자는 낚시를 처음 해 봅니다. 　　**女性は釣りを初めてやってみます。**
　　③ 여자는 낚시를 싫어합니다. 　　　　女性は釣りが嫌いです。
　　④ 남자는 낚시를 싫어합니다. 　　　　男性は釣りが嫌いです。

5. 남 오늘 점심은 어디서 먹을까요? 　　今日のお昼はどこで食べましょうか？

　　여 근처에 식당이 새로 생겼는데 오픈 기념으로 마실 게 무료입니다.
　　　　　近くに食堂が新しくできましたがオープン記念で飲み物がタダなんです。

　　남 그래요? 그럼 오늘은 거기로 가 봅시다.
　　　　　　　　そうなんですか？　では今日はそこに行ってみましょう。

　　❶ 음료수는 돈을 안 내고 마실 수 있습니다.
　　　　　　　　　　　　　　飲み物はお金を払わないで飲めます。
　　② 두 사람은 같이 저녁을 먹을 겁니다. 　2人は一緒に夕食を食べます。
　　③ 근처 식당은 옛날부터 있었습니다. 　付近の食堂は昔からありました。
　　④ 남자는 벌써 점심을 먹었습니다. 　　男性はすでにお昼を食べました。

6. 🔲 내일 오전에 만날까요?　　　　　　　　　　明日午前中に会いましょうか？

🔲 미안해요, 오전에는 약속이 있어요. 오후에 만납시다.
　　　　　　　　　ごめんなさい，午前は約束があります。午後会いましょう。

🔲 좋아요, 그럼 내일 봐요.　　　　　　　　いいですよ，では明日会いましょう。

　① 두 사람은 내일 안 만납니다.　　　　　　　２人は明日会いません。
　② 남자는 내일 오후에 약속이 있습니다.　男性は明日の午後約束があります。
　③ 두 사람은 내일 오전에 만납니다.　　　　２人は明日の午前に会います。
　④ 여자는 오전에 다른 일이 있습니다.　　**女性は午前にほかの用事があります。**

---

7. 🔲 냉면 맛이 어때요?　　　　　　　　　　冷麺の味はどうですか？

🔲 조금 맵지만 아주 맛있어요.　　　　　少し辛いですがとてもおいしいです。

🔲 이 집 냉면은 아주 유명해서 점심시간 때는 일찍 오지 않으면 많이 기다려야 해요.
　この店の冷麺はとても有名なので，お昼時間には早く来ないとかなり待たなければなりません。

　① 여자는 냉면을 싫어합니다.　　　　　　　女性は冷麺が嫌いです。
　② 냉면이 맵고 맛이 없습니다.　　　　　冷麺が辛くておいしくないです。
　③ 남자는 기다린 후에 냉면을 먹습니다.　男性は待ったあと冷麺を食べます。
　④ 점심 때는 일찍 와야 기다리지 않습니다.　お昼に早めに来れば待ちません。

8. 🔵 이 구두보다 조금 더 큰 구두는 없어요?

この靴よりもう少し大きい靴はないですか？

🔴 있어요 고객님. 잠시만 기다려 주세요. 이거 한번 신어 보세요.

ございますよお客様。少々お待ちください。こちらを一度履いてみてください。

🔵 딱 맞네요. 색깔도 마음에 들어요. 이걸로 할게요.

ぴったりですね。色も気に入りました。これにします。

① 남자는 구두를 살 겁니다.　　　　　　　　男性は靴を買います。
② 남자는 구두를 팔러 왔습니다.　　　　　男性は靴を売りに来ました。
③ 여자는 큰 사이즈 구두를 사고 싶어합니다.

女性は大きいサイズの靴を買いたがります。

④ 여자는 조금 작은 구두를 보여 줍니다.　女性は少し小さい靴を見せます。

---

9. 🔵 내일 날씨가 어때요?　　　　　　　　　明日の天気はいかがですか？

🔴 네, 오늘 밤부터 추워지고 눈이 올 거예요.

はい，今晩から寒くなり雪が降るでしょう。

🔵 그럼 내일은 좀 일찍 출발해야겠네요.

では明日は少し早めに出発しなくてはなりませんね。

① 내일 아침부터 추워집니다.　　　　　　明日の朝から寒くなります。
② 내일은 따뜻합니다.　　　　　　　　　　　明日は暖かいです。
③ 내일 밤에 눈이 내릴 겁니다.　　　　　　明日の夜は雪が降ります。
④ 남자는 내일 일찍 집을 나갑니다.　　　男性は明日早く家を出ます。

10. 🔲 여기 모두 얼마예요?　　　　　　　　　　ここ全部おいくらですか？

🔲 맥주 두 병 김치찌개 하나 모두 이만 오천 원입니다.

　　　ビール2本キムチチゲひとつ，全部で2万5,000ウォンです。

🔲 이 카드로 계산해 주세요.　　　　　　このカードで精算してください。

🔲 네, 감사합니다.　　　　　　　　　　　　はい，ありがとうございます。

　① 남자는 이 가게 주인입니다.　　　　　男性はこの店のオーナです。
　② **카드로도 지불이 가능합니다.**　　　　**カードでも支払い可能です。**
　③ 이 가게는 현금으로 계산해야 됩니다.

　　　　　　　　　　　　この店は現金で支払わなければなりません。
　④ 남자는 이 가게에서 일합니다.　　　　男性はこの店で働いています。

11. 🔲 한국에는 처음이에요?　　　　　　　　韓国には初めてですか？

🔲 네, 처음이에요.　　　　　　　　　　　　はい，初めてです。

🔲 혼자 오셨어요?　　　　　　　　　　　　ひとりで来られましたか？

🔲 아니요, 가족하고 같이 왔어요.　　　　いいえ，家族と一緒に来ました。

　① 여자는 한국에 혼자 왔습니다.　　　女性は韓国にひとりで来ました。
　② 여자는 한국이 처음이 아닙니다.　女性は韓国が初めてではありません。
　③ 여자는 혼자 삽니다.　　　　　　　　女性はひとりで住んでいます。
　④ **여자는 가족이 있습니다.**　　　　　　**女性は家族がいます。**

12. 🔵 말씀 좀 묻겠습니다.　　　　　　　　　　ちょっとお尋ねいたします。

🔴 네, 말씀하세요.　　　　　　　　　　　　　　　はい，どうぞ。

🔵 은행이 어디 있어요?　　　　　　　　　　銀行はどこにありますか？

🔴 저쪽 편의점 옆에 있어요.　　　　　　あちらのコンビニの隣にあります。

① 여자는 지금 은행에 있습니다.　　　　　女性は今，銀行にいます。
② 남자는 지금 은행을 찾습니다.　　　**男性は今，銀行を探しています。**
③ 남자는 은행에 다닙니다.　　　　　　　男性は銀行に勤めています。
④ 여자는 은행 위치를 모릅니다.　　　女性は銀行の位置を知りません。

---

13. 🔵 이번 일요일에도 같이 공부할 수 있어요?

　　　　　　　　　　　　　　今度の日曜日にも一緒に勉強できますか？

🔴 미안해요. 일요일에는 시간이 없어요.

　　　　　　　　　　　　　ごめんなさい。日曜日は時間がないです。

🔵 다른 약속이 있어요?　　　　　　別の約束があるんですか？

🔴 아니요, 아르바이트를 해야 해요. いいえ，アルバイトをしなければなりません。

① 두 사람은 내일도 같이 공부합니다.　　2人は明日も一緒に勉強します。
② 남자는 일요일에는 공부를 안 합니다. 男性は日曜日には勉強しません。
③ 여자는 일 때문에 주말에 시간이 없습니다.

　　　　　　　　　　女性は仕事のため週末に時間がありません。

④ 두 사람은 매일 같이 공부합니다.　　2人は毎日一緒に勉強します。

14. 🔵 주말에 뭐 했어요?　　　　　　　　　週末に何をしましたか？

🔴 오랜만에 고향 친구들을 만났어요.　　久しぶりに故郷の友達に会いました。

🔵 친구들하고 재미있었어요?　　　　　　友達と面白かったですか？

🔴 네, 같이 밥도 먹고 차도 마시고 쇼핑도 했어요.
　　　　　はい，一緒にご飯も食べてお茶も飲んでショッピングもしました。

① 여자는 혼자 쇼핑을 했습니다.　　女性はひとりでショッピングをしました。
② 여자는 집에서 밥을 먹었습니다.　　　　女性は家でご飯を食べました。
③ 여자는 친구들과 시간을 보냈습니다. 女性は友達と時間を過ごしました。
④ 여자는 평일에 친구들을 만났습니다.　　女性は平日に友達に会いました。

15. 🔵 이번 주말에 뭐 해요? 바다 보러 갈래요?
　　　　　　　　　　　　　　　今週末に何しますか？　海見に行きますか？

🔴 가고 싶지만 집에 손님이 오기 때문에 청소도 하고 음식도 준비해야 해요.
　　行きたいですが家にお客が来るので掃除もし，料理も準備しなければなりません。

🔵 그럼 다음 주는 어때요?　　　　　　では来週はどうですか？

🔴 네, 다음 주는 갈 수 있어요.　　　　　はい，来週は行けます。

① 두 사람은 다음 주에 바다를 보러 갑니다. 2人は来週海を見に行きます。
② 여자는 주말에 외출할 겁니다.　　　　　女性は週末に外出します。
③ 여자는 지금 청소를 해야 합니다.　　女性は今掃除をしなければなりません。
④ 두 사람은 같이 청소를 할 겁니다.　　　2人は一緒に掃除をします。

16. 🔲 주희 씨는 아침에 뭘 먹어요?　　　　　　ジュヒさんは朝，何を食べますか？

🔲 커피를 좋아하기 때문에 아침에는 주로 밥보다 빵을 먹어요.

コーヒーが好きなので朝は主にご飯よりパンを食べます。

🔲 저도 커피를 좋아해요. 점심식사 후에 같이 한잔할까요?

私もコーヒーが好きです。ランチの後に一緒に一杯やりましょうか？

🔲 좋아요. 커피는 민영 씨가 사는 거예요.

いいですよ。コーヒーはミニョンさんのおごりですよ。

① 오늘은 여자가 커피를 삽니다.　　　今日は女性がコーヒーをおごります。
② 여자는 아침에 빵보다 밥을 먹습니다. 女性は朝パンよりご飯を食べます。
③ 여자는 커피보다 차를 마십니다.　　女性はコーヒーよりお茶を飲みます。
④ 두 사람은 같이 커피를 마실 겁니다. 2人は一緒にコーヒーを飲みます。

17. 🔲 어제 이사 잘 했어요?　　　　　　昨日，引っ越しは無事に終わったんですか？

🔲 네, 새 집은 작지만 아주 깨끗해요. はい，新しい家は小さいけどとても綺麗です。
그리고 회사가 가까워서 다니기가 좀 편할 것 같아요.

そして会社が近いので通うのが少し楽になりそうです。

🔲 마음에 들어요?　　　　　　　　　　　　気に入りましたか？

🔲 네, 집 근처에 공원도 있고 가게도 많아서 아주 마음에 들어요.

はい，家の近くに公園もあり，お店も多いのでとても気に入っています。

① 새 집은 아주 큽니다.　　　　　　　　新しい家はとても大きいです。
② 이사한 집은 회사에서 가깝습니다.　　引っ越した家は会社から近いです。
③ 새 집 근처에는 공원이 없습니다.　　新しい家の近所には公園がありません。
④ 남자는 이사를 도왔습니다.　　　　　男性は引っ越しを手伝いました。

18. 🔵 며칠 후면 스티브 씨 생일이에요. 何日か後にスティーブさんの誕生日ですね。

🔴 그럼 생일 선물을 준비해야겠네요. では誕生日プレゼントを準備しないとですね。

🔵 생일 선물로 뭐가 좋을까요? 誕生日プレゼントに何がいいでしょうか？

🔴 반 친구들하고 다 같이 식사하고 생일 케이크를 준비합시다.
クラスメートとみんなで食事して誕生日ケーキを準備しましょう。

　① 여자는 생일 파티를 준비할 겁니다. 女性は誕生日パーティを準備します。
　② 생일 선물로 꽃다발을 살 겁니다. 誕生日プレゼントとして花束を買います。
　③ 오늘이 스티브 씨 생일입니다. 今日がスティーブさんの誕生日です。
　④ 두 사람만 함께 식사를 할 겁니다. 2人だけで一緒に食事をします。

19. 🔵 아까 교실에 민애 씨를 찾아온 사람이 누구예요?
さっき教室にミネさんを訪ねてきた人は誰ですか？

🔴 전에 미국에서 같이 공부한 친구예요. 以前アメリカで一緒に勉強した友達です。

🔵 외국 사람 같았는데…….　外国人のようでしたが…。

🔴 네, 중국 사람이에요. はい，中国人です。

　① 교실에 온 사람은 선생님입니다. 教室に来た人は先生です。
　② 여자는 중국에서 공부를 했습니다. 女性は中国で勉強しました。
　③ 여자는 옛날 친구를 만났습니다. 女性は昔の友達に会いました。
　④ 여자는 미국에 간 적이 없습니다. 女性はアメリカに行ったことがありません。

20. 🗣️ 이 책을 빌리고 싶은데요. この本を借りたいのですが。

👩 책을 빌리려면 학생증이 있어야 합니다.

本を借りるには学生証がなければなりません。

🗣️ 여기 있습니다. 언제까지 빌릴 수 있어요?

ここにあります。いつまで借りられますか？

👩 이주일 동안 빌릴 수 있습니다. 2週間借りられます。

① 책을 빌릴 때 학생증이 꼭 필요합니다.

本を借りるときは学生証が必ず必要です。

② 책은 삼주일 동안 빌릴 수 있습니다. 本は3週間借りることができます。

③ 남자는 학생이 아닙니다. 男性は学生ではありません。

④ 여자도 책을 빌립니다. 女性も本を借ります。

---

21. 🗣️ 한국에는 언제 왔어요? 韓国にはいつ来ましたか？

👩 한국에 온 지 2년 됐어요. 韓国に来て2年なりました。

🗣️ 어떻게 오게 됐어요? どんなきっかけで来ることになりましたか？

👩 한국에 관심이 많아서 한국어와 한국 문화를 배우러 왔어요.

韓国に関心が多く韓国語と韓国の文化を習いに来ました。

① 여자는 한국 문화도 배우러 왔습니다.

女性は韓国の文化も習いに来ました。

② 여자는 한국에 대해 관심이 없습니다.

女性は韓国について関心がありません。

③ 여자는 한국에 온 지 일 년 되었습니다.

女性は韓国に来て1年になりました。

④ 여자는 한국어만 배웁니다. 女性は韓国語だけ習います。

22. 🙂 와~, 그 모자 참 예쁘네요. 어디서 샀어요?

わあ，その帽子本当に可愛いですね。どこで買いましたか？

👩 백화점에서 샀어요. 지금 세일을 하고 있어요.

デパートで買いました。いまセールをしています。

🙂 그래요? 저도 어머니 생일 선물로 하나 사고 싶네요.

そうですか？　僕も母の誕生日のプレゼントとしてひとつ買いたいです。

👩 세일은 이번 주 일요일까지니까 빨리 가 보세요.

セールは今週の日曜日までですから早く行ってみてください。

① 백화점 세일은 끝났습니다.　　　デパートのセールは終わりました。

② 여자는 생일 선물로 모자를 받았습니다.

女性は誕生日プレゼントに帽子をもらいました。

③ 남자는 이번 주까지 백화점에 갈 겁니다.

男性は今週までにデパートへ行きます。

④ 두 사람은 같이 백화점에 갈 겁니다. 2人は一緒にデパートへ行きます。

---

23. 🙂 어디 아프세요?　　　　　　　　どこか具合が悪いのですか？

👩 점심 먹은 후부터 머리가 좀 아프네요. お昼ご飯を食べた後から頭が痛いんです。

🙂 열도 있어요?　　　　　　　　　　　　熱もありますか？

👩 네, 목도 아프고 병원에 가 봐야 할 것 같아요.

はい，喉も痛いし病院に行ってみないといけないようです。

① 남자는 점심을 먹습니다.　　　　男性はお昼を食べます。

② 남자는 두통이 있습니다.　　　　男性は頭痛があります。

③ 여자는 머리는 아프지만 열은 없습니다.

女性は頭は痛いけど熱はありません。

④ 여자는 병원에 갈 예정입니다.　　男性は病院に行くつもりです。

24. 🔵 오늘 회의가 두 시에 있죠? 　　　　　　　今日の会議は 2 時でしたよね。

🔴 아니에요, 오후 1시부터예요. 　　　　　　違います。午後 1 時からですよ。

🔵 그래요? 제가 잘못 알고 있었네요. 　そうですか？　私が間違って覚えてました。

　고마워요. 필요한 서류는 준비 다 됐어요?

　　　　　　ありがとうございます。必要な書類の準備は終わりましたか？

🔴 네, 이제 복사만 하면 됩니다. 　　　はい，あとはコピーだけです。

　① 회의는 오전에 있습니다. 　　　　会議は午前にあります。

　② 여자는 곧 서류를 복사할 겁니다. 　**女性はすぐ書類をコピーします。**

　③ 필요한 서류는 없습니다. 　　　　　必要な書類はありません。

　④ 회의는 내일 오후 두 시부터입니다. 　会議は明日の午後 2 時からです。

---

25. 🔵 일 끝난 후에 같이 한잔할까요? 　仕事が終わった後に一緒に一杯しましょうか？

🔴 미안해요. 오늘은 일이 많아서 늦을 것 같아요.

　　　　　　ごめんなさい。今日は仕事が多くて遅くなりそうです。

🔵 그럼 주말에는요? 　　　　　　　　　　　　では週末は？

🔴 주말에는 친구와 등산을 가기로 했어요.

　　　　　　　　週末は友達と登山をすることにしました。

　① 여자는 일이 다 끝났습니다. 　　　女性は仕事が全部終わりました。

　② 남자는 오늘 일찍 집에 갑니다. 　　　男性は今日早く家に帰ります。

　③ 여자는 주말에 산에 갑니다. 　　**女性は週末に山に行きます。**

　④ 두 사람은 같이 저녁을 먹습니다. 　2 人は一緒に夜ご飯を食べます。

26. 🔵 지금 대학생이에요?　　　　　　　　　今大学生ですか？

🔴 아니요, 올해 대학교를 졸업했어요.　　　いいえ，今年大学を卒業しました。

🔵 그럼 지금 뭘 하고 있어요?　　　　　　　では今何をしていますか？

🔴 지금 아르바이트를 하면서 유학을 준비하고 있어요.
　　　　　　　　　今アルバイトをしながら留学の準備をしています。

① 여자는 작년에 대학교를 졸업했습니다. 女性は去年大学を卒業しました。
② 남자는 지금 대학생입니다.　　　　　　　男性は現在大学生です。
③ 여자는 외국에서 공부하고 싶어합니다.　女性は外国で勉強したいです。
④ 여자는 올해 대학생이 됩니다.　　　　　女性は今年大学生になります。

27. 🔵 어제 모임에 왜 안 왔어요?　　　　昨日の集まりになぜ来なかったのですか？

🔴 어제는 남동생의 졸업식이 있어서 부모님과 다 같이 식사했어요.
　　　昨日は弟の卒業式があったので両親とみんなで一緒に食事をしました。

🔵 그랬어요? 졸업 선물은 뭘로 했어요?
　　　　そうだったのですか？ 卒業のプレゼントは何にしましたか？

🔴 저는 만년필을 부모님은 시계를 선물했어요.
　　　　　　　私は万年筆を，両親は時計をプレゼントしました。

① 여동생의 졸업식이 있었습니다.　　　　　妹の卒業式がありました。
② 여자는 남동생에게 만년필을 선물했습니다.
　　　　　　　女性は弟に万年筆をプレゼントしました。
③ 졸업식은 내일입니다.　　　　　　　　卒業式は明日です。
④ 여자는 선물을 준비 안 했습니다. 女性はプレゼントを用意しませんでした。

28. 🗣 취미가 뭐예요? 趣味は何ですか？

👩 사진 찍기예요. 写真撮影です。

🗣 아, 그래서 항상 가방 속에 무거운 카메라가 들어 있네요.
なるほど，だからいつもカバンの中には重いカメラが入っているんですね。

👩 네, 고향에 있는 친구나 부모님께서 제가 찍은 사진을 무척 기다리고 있어요.
はい，故郷にいる友人や両親は私が撮った写真を待ち望んでいます。

① 카메라는 가볍습니다. カメラは軽いです。
② 여자는 언제나 카메라를 가지고 다닙니다.
女性はいつもカメラを持ち歩いています。
③ 남자의 취미는 사진 찍기입니다. 男性の趣味は写真撮影です。
④ 여자는 부모가 안 계십니다. 女性は両親がいません。

29. 🗣 언제 귀국하세요? いつ帰国しますか？

👩 다음 주 일요일에 할 거예요. 来週の日曜日にします。

🗣 짐이 많아요? 荷物は多いですか？
다음 주는 시간이 있는데 제 차로 공항까지 데려다 줄까요?
来週は時間がありますので私の車で空港まで送りましょうか？

👩 짐이 좀 많아서 걱정했는데 정말 고마워요.
荷物が少し多くて心配していましたが，本当にありがとうございます。

① 남자는 다음 주에 공항까지 운전할 겁니다.
男性は来週，空港まで運転します。
② 여자는 일요일에 귀국했습니다. 女性は日曜日に帰国しました。
③ 남자는 여자의 짐을 쌌습니다. 男性は女性の荷造りをしました。
④ 남자는 다음 주 일요일에 시간이 없습니다.
男性は来週の日曜日に時間がありません。

30. 🔴 주말에 같이 영화 보러 갈래요?　　　　週末に一緒に映画見に行きますか？

🔵 네, 좋아요.　　　　はい、いいですよ。

🔴 어떤 영화를 좋아해요? 슬픈 영화나 무서운 영화를 좋아하세요?
どんな映画が好きですか？　悲しい映画や怖い映画は好きですか？

🔵 아니요, 둘 다 안 좋아해요.　　　　いいえ、2つとも好きではありません。

① 두 사람은 평일에 영화를 봅니다.　　2人は平日に映画を見ます。
② 남자는 슬픈 영화를 좋아합니다.　　男性は悲しい映画が好きです。
③ 두 사람은 같은 회사에 다닙니다.　　2人は同じ会社に通っています。
④ 남자는 무서운 영화를 싫어합니다.　　**男性は怖い映画が嫌いです。**

---

31. 🔵 숙제 다 했어요?　　　　宿題は全部終わりましたか？

🔴 아니요, 아직 다 못했어요. 이따가 도서관에서 할 거예요.
いいえ、まだ全部終わっていません。あとで図書館でやるつもりです。

🔵 저도요. 이번 숙제는 너무 어려워요. 좀 가르쳐 주세요.
僕もです。今度の宿題はとても難しいです。ちょっと教えてください。

🔴 좋아요. 그럼 도서관 앞에서 만나요.　いいですよ。では図書館の前で会いましょう。

① 두 사람은 숙제를 다 했습니다.　　2人は宿題が全部終わりました。
② 두 사람은 같이 숙제를 할 겁니다.　　**2人は一緒に宿題をします。**
③ 여자는 집에서 숙제를 합니다.　　女性は家で宿題をします。
④ 두 사람은 도서관 안에서 만납니다.　　2人は図書館の中で会います。

32. 🔵 매일 머리를 감아요?　　　　　　　　　　　　毎日髪を洗いますか？

🔴 네, 저는 매일 아침에 머리를 감아요.　　　　　はい，私は毎朝，髪を洗います。

🔵 머리는 이틀에 한 번 정도 감는 게 좋습니다.

髪は2日に1回程度洗うのがいいですよ。

🔴 그래요? 하지만 습관이 돼서요.　そうですか？　でも習慣になっているので。

① 여자는 이틀에 한 번 머리를 감습니다. 女性は2日に1回髪を洗います。
② 여자는 하루에 한 번 머리를 감습니다. 女性は1日に1回髪を洗います。
③ 여자는 저녁에 머리를 감습니다.　　　　　女性は夕方髪を洗います。
④ 여자는 자기 전에 머리를 감습니다.　　　女性は寝る前に髪を洗います。

---

33. 🔴 진수 씨는 건강을 위해서 무슨 운동을 하세요?

ジンスさんは健康のために何か運動をしますか？

🔵 저는 일주일에 세 번쯤 걸어요.　　　　　私は週に3回ほど歩きます。

🔴 저도 운동은 하고 싶지만 시간이 너무 없어요.

私も運動をしたいけど時間があまりないです。

🔵 걷기 운동은 특별한 도구도 필요 없고 혼자서도 할 수 있으니까 시간 내서 시작해 보세요.

ウォーキングは特別な道具もいらないしひとりでもできるから時間を作って始めてみてください。

① 두 사람은 같이 걷습니다.　　　　　　　　　2人は一緒に歩きます。
② 남자는 일요일에만 걷습니다.　　　　　　　男性は日曜日だけ歩きます。
③ 남자는 걸을 때 도구가 필요합니다.　男性は歩くときに道具が必要です。
④ 걷기 운동은 혼자서도 할 수 있습니다.

ウォーキングはひとりでもできます。

34. 여 저 어때요? 유학 온 기념으로 한 벌 샀어요.

私どうですか？ 留学に来た記念に1着買いました。

내일 사진도 찍어서 부모님께 보낼 거예요.

明日写真も撮って両親に送るつもりです。

남 그래요? 한복이 아주 잘 어울리네요.

そうなんですか？ ハンボク（韓服）がとてもよく似合いますね。

여 그런데 한복은 언제 입어요? ところでハンボクはいつ着るんですか？

남 설날이나 결혼식 등 특별한 날에 입어요.

お正月や結婚式など特別な日に着ます。

① 여자는 한복을 싫어합니다. 女性はハンボクが嫌いです。
② 여자는 이미 사진을 찍었습니다. 女性はすでに写真を撮りました。
③ 한국 사람들은 날마다 한복을 입습니다. 韓国人は毎日ハンボクを着ます。
④ 여자는 한복 입은 사진을 찍을 겁니다.

女性はハンボクを着た写真を撮るつもりです。

35. 남 어? 전자사전 샀어요? おや？ 電子辞書買ったんですか？

여 네, 공부할 때 모르는 단어가 많이 나와서 어제 샀어요.

はい，勉強するときわからない単語がたくさん出て来るので，昨日買いました。

남 써 보니까 어때요? 使ってみてどうですか？

여 좀 비쌌지만 무겁지 않고 아주 편리해요.

少し高かったけど重くなくとても便利です。

① 전자사전은 가볍습니다. 電子辞書は軽いです。
② 여자는 사전이 필요 없습니다. 女性は辞書が必要ありません。
③ 전자사전은 쌉니다. 電子辞書は安いです。
④ 여자는 오늘 전자사전을 샀습니다. 女性は今日，電子辞書を買いました。

36. 🔳 저는 요즘 텔레비전보다 라디오를 자주 들어요.

私はこの頃テレビよりラジオをよく聴きます。

🔳 그래요? 어떤 프로를 들어요?　　　そうですか，どんな番組を聴きますか？

🔳 주로 음악 프로인데요, 노래도 이야기도 재미있어요.

主に音楽番組ですが，歌もトークも面白いです。

그래서 한국어 듣기 공부에 도움이 많이 되는 것 같아요.

なので韓国語の聞き取りの勉強にとても役に立つような気がします。

🔳 저도 한 번 들어 봐야겠네요.　　　私も一度聴いてみたいですね。

① 남자는 라디오보다 텔레비전을 더 봅니다.

男性はラジオよりテレビをもっと見ます。

② 여자도 라디오를 자주 듣습니다.　　　女性もラジオをよく聴きます。

❸ 남자는 라디오로 한국어 듣기 공부를 합니다.

男性はラジオで韓国語のリスニングの勉強をします。

④ 여자는 음악 프로를 자주 듣습니다.　　　女性は音楽番組をよく聴きます。

37. 🔳 운동하는 거 좋아하세요?　　　運動するのは好きですか？

🔳 네. 하지만 여름에는 너무 더워서 힘이 듭니다.

はい。しかし夏は暑すぎて大変です。

🔳 특히 여름에 밖에서는 모자도 쓰고 물도 자주 마시는 것이 좋습니다.

特に夏に外では帽子もかぶり水もこまめに飲むのがいいです。

🔳 맞아요. 저는 물은 자주 마시지만 너무 더울 때는 무리하지 않습니다.

そうですね。私は水はよく飲みますが，暑すぎるときは無理しません。

① 여자는 여름에는 운동을 전혀 하지 않습니다.

女性は夏には運動を全然しません。

② 여름에는 모자를 안 쓰고 운동하는 것이 좋습니다.

夏には帽子をかぶらないで運動するのがいいです。

❸ 여자는 너무 더울 때는 운동을 하지 않습니다.

女性は暑すぎるときは運動をしません。

④ 여자는 운동 중에는 물을 마시지 않습니다.　運動をするときは水を飲みません。

38. 🔵 강아지 이름이 뭐예요?　　　　　　　　　　　子犬の名前は何ですか？

🔴 '내니'라고 해요.　　　　　　　　　　　　　　「ネニ」といいます。
제가 강아지를 너무 좋아해서 친구가 생일 선물로 줬어요.
　　　　　　　　私が子犬が大好きで友達が誕生日のプレゼントとしてくれました。

🔵 강아지 이름을 누가 지었어요?　　　　　　　子犬の名前は誰が付けましたか？

🔴 제가 지었어요. 요즘 날마다 같이 산책을 하니까 좋아요.
　　　　　　　　私が付けました。この頃，毎日一緒に散歩をしてるからからいいですよ。

　　① 여자가 강아지 이름을 지었습니다.　　　**女性が子犬の名前を付けました。**
　　② 여자는 친구하고 매일 산책을 합니다.　　女性は友達と毎日散歩します。
　　③ 여자는 친구에게 강아지를 주었습니다.　女性は友達に子犬をあげました。
　　④ 여자는 강아지를 싫어합니다.　　　　　　女性は子犬が嫌いです。

---

39. 🔵 집이 어디예요?　　　　　　　　　　　　家はどこですか？

🔴 저는 지금 기숙사에 있어요.　　　　　　　私は今寄宿舎にいます。

🔵 기숙사는 규칙이 많아서 불편하지 않아요?
　　　　　　　　　　寄宿舎は規則が多くて不便ではありませんか？

🔴 그래도 친구들이 많아서 좋아요.　　　　でも友達が多くていいですよ。

　　① 여자는 친구 집에서 삽니다.　　　　女性は友達の家で住んでいます。
　　② 여자는 기숙사에서 삽니다.　　　　**女性は寄宿舎で住んでいます。**
　　③ 두 사람은 기숙사에서 삽니다.　　　2人は寄宿舎で住んでいます。
　　④ 여자는 친구가 없습니다.　　　　　女性は友達がいません。

40. 📮 나오미 씨는 한국 사람처럼 한국어를 잘하네요.

ナオミさんは韓国人のように韓国語が上手ですね。

📧 고마워요. 가능하면 한국어를 쓰려고 해요.

ありがとうございます。できるだけ韓国語を使うつもりです。

📮 참 잘하시는데 언제 배웠어요?　本当にお上手ですが，いつ習いましたか？

📧 대학생 때부터 계속 공부하고 있고 한국 친구도 많아요.

大学生の時からずっと勉強していますし，韓国の友達も多いです。

① 여자는 한국어를 아주 잘합니다.　**女性は韓国語がとても上手です。**
② 여자는 한국 친구가 없습니다.　　女性は韓国の友達がいません。
③ 여자는 한국어를 사용할 기회가 없습니다.

女性は韓国語を使う機会がありません。

④ 여자는 졸업 후 한국어 공부를 시작했습니다.

女性は大学を卒業した後，韓国語の勉強を始めました。

41. 📮 선미 씨, 제가 여러 번 문자를 보냈는데 못 받았어요?

ソンミさん，僕が何度もメールを送りましたが届いていませんか？

📧 미안해요. 제 휴대 전화가 고장이 나서요.

ごめんなさい，私の携帯が壊れましたので。

📮 그랬어요? 수리는 했어요?　　そうだったのですか，修理はしましたか？

📧 네, 지금 찾으러 가요.　　はい，今取りに行っているところです。

① 여자는 남자의 문자를 읽었습니다.　女性は男性のメールを読みました。
② 남자는 여자에게 전화했습니다.　　男性は女性に電話しました。
③ 전화 수리를 아직 못 했습니다.　　電話の修理がまだです。
④ 여자는 휴대 전화를 고쳤습니다.　**女性は携帯電話を直しました。**

42. 남 김 과장님 지금 사무실에 계세요? キム課長は今, 事務室におられますか?

여 과장님은 방금 나가셨는데 오후 2시까지는 들어오실 거예요.
課長はたった今出かけましたが午後2時までには戻ってきます。

남 그럼 메모 좀 남겨 주세요. では伝言をお伝えください。

여 네, 말씀하세요. はい, どうぞ。

① 과장님은 지금 사무실에 있습니다. 課長は今, 事務室にいます。
② 과장님은 외출했습니다. 課長は外出しました。
③ 과장님은 다시 사무실로 들어오지 않습니다.
課長は再び事務室に戻ってきません。
④ 과장님은 벌써 퇴근했습니다. 課長はもうすでに退勤しました。

43. 남 미영 씨, 이번 토요일에 만나기로 한 약속 바꿔야 할 것 같아요.
ミヨンさん, 今度の土曜日に会うことにした約束変えないといけないようです。

여 왜요? 무슨 일 있어요? なぜですか? 何かあるんですか?

남 시골에 계신 어머니가 갑자기 올라오셔서 마중을 나가야 할 것 같아요.
田舎にいる母親が急に上京するので迎えに行かなければなりません。

여 알았어요. 그런데 다음 주는 제가 일이 있으니까 다다음 주에 만나요.
わかりました。ところで来週は私が用事があるので, 再来週に会いましょう。

① 여자는 다다음 주에 일이 있습니다. 女性は再来週に用事があります。
② 두 사람은 이번 토요일에 만납니다. 2人は今度の土曜日に会います。
③ 남자는 시골로 내려갈 겁니다. 男性は田舎に帰ります。
④ 남자는 약속을 바꾸고 싶어합니다. 男性は約束を変えたがっています。

44. 🔵 음식이 입에 맞아요?   料理はお口に合いますか？

🟠 네, 다 맛있어요.   はい，全部おいしいです。

🔵 그런데 사와코 씨, 한국에서는 식사할 때 밥그릇을 들고 먹으면 안 돼요.

ところでサワコさん，韓国では食事をするときお椀を持ち上げて食べたらいけません。

🟠 그래요? 몰랐어요.   そうなんですか？　知りませんでした。
나라마다 식사 예절이 많이 다르네요. 国ごとに食事マナーがずいぶん違いますね。
다음부터 조심할게요.   次から気をつけます。

  ① 여자는 남자를 식사에 초대했습니다. 女性は男性を食事に招待しました。
  ② 여자는 한국의 식사 예절을 몰랐습니다.

                     女性は韓国の食事マナーを知りませんでした。

  ③ 음식이 맛이 없습니다.   料理がおいしくありません。
  ④ 여자는 밥그릇을 놓고 먹습니다.   女性はお椀を置いて食べます。

---

45. 🔵 감기 걸렸어요?   風邪引いたんですか？

🟠 네. 약을 먹었는데 잘 듣지 않는 것 같아요.

                     薬を飲みましたがあまり効かないようです。

🔵 그럼 빨리 병원에 가 보세요.   では早く病院に行ってみてください。

🟠 네, 그런데 제가 한국말이 서툴러서요…….
시간이 괜찮으면 같이 좀 가 주시겠어요?

はい，だけど私の韓国語は下手なので…。時間があれば一緒に行ってくださいませんか？

🔵 그럼요.   もちろんですよ。

  ① 남자는 감기에 걸렸습니다.   男性は風邪を引きました。
  ② 두 사람은 같이 병원에 갈 겁니다.   2人は一緒に病院に行きます。
  ③ 여자는 한국말을 잘합니다.   女性は韓国語が上手です。
  ④ 여자는 약을 먹고 감기가 다 나았습니다.

                     女性は薬を飲んでから風邪が治りました。

会話を聞いて女性の中心的な考えを選ぶ問題です。

23 Pattern-7

次を　　聞き　女性の　主な　　考えを　　選びなさい
※ [22〜24] 다음을 듣고 <u>여자의 중심 생각</u>을 고르십시오.

22. ① 내일 등산을 안 갈 겁니다.
　　② 비가 오면 등산을 안 갈 겁니다.
　　③ 오랜만에 비를 기다립니다.
　　④ 내일은 날씨가 좋기를 바랍니다.

23. ① 지난 토요일에 이사했습니다.
　　② 집이 학교에서 가깝습니다.
　　③ 학교가 멀어서 이사하고 싶어합니다.
　　④ 가족과 함께 이사합니다.

24. ① 식사는 영화가 끝난 후에 하고 싶습니다.
　　② 영화를 싫어합니다.
　　③ 지금 남자를 기다리고 있습니다.
　　④ 영화관 앞에서 남자를 만나고 싶어합니다.

답えを導くためのアドバイス

　パターン７では「女性が何をどう考えているのか」，会話の後に「どんな態度を取るのか」を考えてほしいので女性の発言が大事です。間違って選択しそうな紛らわしいものもあるので注意しながら類似表現も覚えましょう。

　さらに集中してほしいパートです。初級の皆さんにとって選択肢を素早く読んで答えを選ぶことはそう簡単ではないでしょうが，参考としてあげられることは,答えに「〜만」（〜だけ,のみ）が付くのは大抵答えではない傾向があります。また，一般的に考えて常識ではないものはまず除外してもいいでしょう。

22. 🔵 요즘 비가 자주 오네요.   この頃雨がよく降りますね。

  🔴 그러네요.   そうですね。
    <u>내일은 비가 오면 안 되는데……</u>.   明日は雨が降ると困るんだけど…。

  🔵 왜요? 내일 무슨 일 있어요?   なぜですか？ 明日何か用事あるんですか。

  🔴 아이들하고 놀이공원에 가기로 했어요.

        子どもたちと遊園地に行くことにしたんです。

① 내일 등산을 안 갈 겁니다.	日登山に行かないつもりです。
② 비가 오면 등산을 안 갈 겁니다.	雨が降ると登山に行きません。
③ 오랜만에 비를 기다립니다.	久しぶりに雨を待っています。
④ 내일은 날씨가 좋기를 바랍니다.	**明日は天気がいいことを願います。**

23. 🔵 집이 학교에서 멀어서 힘들겠어요.   家が学校から遠くて大変でしょうね。

  🔴 네, 그래서 <u>이사할 계획이에요.</u>   はい，それで引っ越しをするつもりです。

  🔵 언제 해요? 제가 도와줄까요?   いつしますか？ 僕が手伝いましょうか？

  🔴 이번 주 토요일요. 혼자 하려고 했는데 정말 고마워요.

      今週の土曜日です。一人でやろうと思いましたが本当にありがとうございます。

① 지난 토요일에 이사했습니다.	先週の土曜日に引っ越しました。
② 집이 학교에서 가깝습니다.	家が学校から近いです。
③ 학교가 멀어서 이사하고 싶어합니다.	
	学校が遠いので引っ越したがっています。
④ 가족과 함께 이사합니다.	家族と一緒に引っ越します。

24. **남** 우리 영화관 앞에서 만날까요? 私たち映画館の前で会いましょうか？

여 거기는 사람들이 항상 너무 많으니까 회사 앞에서 만나요.

そこは人がいつも多いから会社の前で会いましょう。

남 좋아요. 식사는 영화 보기 전에 할까요?

いいですよ。食事は映画を見る前にしましょうか？

여 아니요, 영화가 일찍 끝나니까 영화를 본 후에 합시다.

いいえ，映画は早く終わるから映画を見た後にしましょう。

① 식사는 영화가 끝난 후에 하고 싶습니다.

食事は映画が終わった後にしたいです。

② 영화를 싫어합니다. 女性は映画が嫌いです。

③ 지금 남자를 기다리고 있습니다. 今，男性を待っています。

④ 영화관 앞에서 만나고 싶어합니다. 映画館の前で会いたがっています。

どんな食べ物/料理が好きですか？	무슨 음식을/요리를 좋아하세요?
韓国料理が好きです。	한식(한국 음식)을 좋아해요.
辛いけどおいしいです。	맵지만 맛있어요.
この店は値段が安くて料理も全部おいしいです。	이 집은 값도 싸고 음식도 다 맛있어요.
すみません, 注文お願いします。	여기요, 주문 받으세요.
～《数字》人前ください。	～《漢数詞》인분 주세요.
お水ください。	물 좀 주세요.
このおかずもう少しください。	이 반찬 좀 더 주세요.
精算お願いします。	여기 계산해 주세요.
全部でいくらですか？	모두 얼마예요?
ここ片付けてください。	여기 좀 치워 주세요.
全部で何名様ですか？	모두 몇 분이세요?
お客様, (ご注文は)何になさいますか？	손님, 뭘 드시겠습니까?
熱いうちに(冷める前に)お召し上がりください。	식기 전에 어서 드세요.
(おいしく)召し上がってください。	맛있게 드세요.

料理に関する語彙

キムチ鍋	김치찌개	味噌鍋	된장찌개	スンドゥブチゲ	순두부찌개
キムパ	김밥	ビビンバ	비빔밥	チャーハン	볶음밥
サムゲタン	삼계탕	カルビタン	갈비탕	サムギョプサル	삼겹살
焼き肉	불고기	水冷麺	물냉면	ビビン冷麺	비빔냉면
カルビ	갈비	タッカルビ	닭갈비	手打ちうどん	칼국수
じゃじゃ麺	짜장면	トッポギ	떡볶이	ハンバーグ	햄버거
スパゲティ	스파게티	ピザ	피자	フライドポテト	감자튀김

出口はどこですか？	나가는 곳이/출구가 어디예요?
入口はどこですか？	들어가는 곳이/입구가 어디예요?
乗り換え場所はどこですか？	갈아타는 곳이 어디예요?
チケット売り場はどこですか？	표를 파는 곳이 어디예요?
この道を行けば地下鉄駅の入口が見えるはずです。	이 길로 가면 지하철역 입구가 보일 거예요.
～で…号線に乗り換えてください。	～에서 …호선으로 갈아타세요.
まっすぐ行くと左側にあります。	똑바로 가면 왼쪽에 있어요.
どこで乗りますか？	어디에서 타요?
右側で行ってください。	오른쪽으로 가세요.
左側から上がってください／降りてください。	왼쪽으로 올라가세요/내려가세요.
～に行きたいのですがどう行きますか？	～에 가고 싶은데 어떻게 가요?
道を教えてください。	길 좀 가르쳐 주세요.
もうひと駅(停留場)行かなければなりません。	한 정거장 더 가야 해요.
このバスは/地下鉄は～まで行きますか？	이 버스는/지하철은 ～까지 가요?
次の駅で降りる方は早めにボタンを押してください。	다음 역에서 내리실 분은 미리 버튼을 눌러 주십시오.

横断歩道	횡단보도	地下道	지하도	十字路	사거리
歩道橋	육교	路地	골목	信号	신호등
直進	직진	左折	좌회전	右折	우회전
停止	정지	駐車場	주차장	自転車専用道路	자전거전용도로
駐車禁止	주차 금지	立入禁止	출입 금지	バズ専用車線	버스전용차선
一方通行	일방통행	高速道路	고속도로	シャトルバス	순환버스
交通カード	교통카드				

気に入る	マウムに 들다	お金がかかる	돈이 들다
気に入る	마음에 들다	お金がかかる	돈이 들다
カバンを持つ	가방을 들다	時間がかかる	시간이 걸리다
涙が出る	눈물이 나다	お金を出す	돈을 내다
両替する	돈을 바꾸다	お金をおろす／探す	돈을 찾다
辞書を引く	사전을 찾다	本を借りる	책를 빌리다
仲がいい	사이가 좋다	仲が悪い	사이가 나쁘다
お腹がいっぱいだ	배가 부르다	お腹がすいている	배가 고프다
歌を歌う	노래를 부르다	名前を呼ぶ	이름을 부르다
写真を撮る	사진을 찍다	友達に会う	친구를 만나다
たばこを吸う	담배를 피우다	たばこをやめる	담배를 끊다
お酒を飲む	술을 마시다	お酒をやめる	술을 끊다
絵を描く	그림을 그리다	踊る, ダンスする	춤을 추다
背が高い	키가 크다	背が低い	키가 작다
故障する	고장이 나다	(交通) 事故が起きる	(교통)사고가 나다
腹が立つ	화가 나다	思い出す	생각(이) 나다
地震が起きる	지진이 나다	火事になる	불이 나다
計画を立てる	계획을 세우다	車を停める	차를 세우다
試験を受ける	시험을 보다/치다	渋滞する	차가 밀리다/막히다
拍手をする	박수를 치다	ピアノを弾く	피아노를 치다
傘をさす	우산을 쓰다	眼鏡をかける	안경을 쓰다
薬が苦い	약이 쓰다	帽子をかぶる	모자를 쓰다
値引きをする	값을 깎다	果物をむく	과일을 깎다
鉛筆を削る	연필을 깎다	髪を洗う	머리를 감다

1. ① 오늘 몸이 아주 좋습니다.
   ② 오늘 회사를 쉬고 싶습니다.
   ③ 일찍 집에 가서 쉬고 싶습니다.
   ④ 내일도 화사를 쉬고 싶습니다.

2. ① 매일 노래방에 갑니다.
   ② 노래를 잘하지 못합니다.
   ③ 매일 노래방에 가고 싶어합니다.
   ④ 노래를 잘 부릅니다.

3. ① 방을 예약했습니다.
   ② 하숙집을 찾고 있습니다.
   ③ 빵을 먹고 싶어합니다.
   ④ 바다를 볼 수 있는 방을 원합니다.

4. ① 주말에 쉬고 싶습니다.
   ② 테니스를 가르치려고 합니다.
   ③ 테니스를 안 칩니다.
   ④ 공원에 있고 싶습니다.

5. ① 기다리는 것을 싫어합니다.
   ② 이 가게는 카운터석밖에 없습니다.
   ③ 서로 마주보고 앉는 자리를 원합니다.
   ④ 기다리지 않고 바로 자리에 앉고 싶습니다.

6. ① 주말에는 쉬고 싶습니다.
   ② 주말에는 집에서 일하고 싶습니다.
   ③ 주말에도 회사에 가고 싶습니다.
   ④ 요즘 회사 일이 많지 않습니다.

7. ① 어머니와 한국에서 살고 싶습니다.

② 어머니가 한국에 계시면 좋겠습니다.

③ 매일 학교에 안 가고 싶습니다.

④ 내일은 학교를 쉬고 싶습니다.

8. ① 지금도 가족이 보고 싶습니다.

② 가족들과 같이 유학을 가고 싶습니다.

③ 지금은 친구가 많아서 외롭지 않습니다.

④ 일 년 더 한국에서 공부하고 싶습니다.

9. ① 오늘은 일찍 퇴근할 수 있습니다.

② 병원에 가고 싶지만 일찍 퇴근할 수 없습니다.

③ 회의 자료 준비가 끝났습니다.

④ 약을 먹고 싶습니다.

10. ① 일 때문에 파티에 못 갑니다.

② 일요일에는 시간이 있습니다.

③ 혼자 생일 파티를 합니다.

④ 특별한 일을 싫어합니다.

11. ① 현미 씨에게 연락 안 할 겁니다.

② 현미 씨에게서 연락이 왔습니다.

③ 현미 씨가 걱정됩니다.

④ 현미 씨에게 여러 번 연락했습니다.

12. ① 방 예약은 전화로만 가능합니다.

② 전화로 이야기한 방이 없습니다.

③ 지금 방을 보러 갈 수 없습니다.

④ 애완동물을 키워도 되는 방을 찾고 싶습니다.

13. ① 노트북은 무겁습니다.

② 노트북을 사기 위해 돈을 모으고 싶습니다.

③ 새 노트북은 가볍고 마음에 듭니다.

④ 노트북을 고쳐서 쓰고 싶습니다.

14. ① 음식은 맛있는데 분위기가 안 좋습니다.

② 음식은 맛있는데 가격이 비쌉니다.

③ 제일 마음에 드는 것은 가격입니다.

④ 가게가 회사에서 아주 멉니다.

15. ① 자전거를 사고 싶습니다.

② 출근 시간에는 사람이 많습니다.

③ 자전거는 반드시 건강에 좋습니다.

④ 자전거를 빌리려고 합니다.

16. ① 약은 먹고 싶지 않습니다.

② 약은 밥 먹기 전에 먹어야 합니다.

③ 약을 먹는 동안 술을 마셔도 괜찮습니다.

④ 약을 먹는 동안에도 운전을 하고 싶습니다.

17. ① 외국의 우표와 그림엽서를 살 수 없습니다.

② 우표와 그림엽서를 사려고 출장을 자주 갑니다.

③ 친구한테서 우표와 그림엽서를 받고 싶습니다.

④ 외국 우표와 그림엽서는 아버지께 자주 부탁합니다.

18. ① 실제로 눈이 많이 나빠졌습니다.

② 안경도 패션이라고 생각합니다.

③ 생활에 불편해도 안경은 안 쓰고 싶습니다.

④ 눈이 좋아도 안경을 꼭 써야 합니다.

19. ① 약속 시간에 늦지 않았습니다.

② 도로는 언제나 막힌다고 생각합니다.

③ 다음에는 지하철을 이용하려고 생각합니다.

④ 일찍 출발해서 좋았습니다.

20. ① 한국에서 일하면서 살고 싶습니다.

② 유학이 끝나면 귀국하고 싶습니다.

③ 양국의 문화 교류에 관심이 없습니다.

④ 한국어 공부가 다 끝났습니다.

21. ① 작문 공부가 제일 어렵습니다.

② 한국 생활이 계속 어렵습니다.

③ 한국 친구가 없습니다.

④ 아직도 혼자서 다닐 수 없습니다.

22. ① 겨울에만 감기에 걸립니다.

② 지금은 겨울입니다.

③ 여름에도 긴소매 옷이 필요합니다.

④ 에어컨을 끄고 싶습니다.

23. ① 계획을 바꾸려고 합니다.

② 일기예보는 안 맞습니다.

③ 오늘은 비도 오고 바람도 붑니다.

④ 날씨가 좋아서 아이들과 수영장에 갑니다.

24. ① 주문한 음식을 먹을 사람이 많습니다.

② 남은 음식은 포장해 갈 수 없습니다.

③ 주문한 음식이 매우 적습니다.

④ 음식이 나오기 전에 취소하고 싶습니다.

25. ① 호텔은 언제나 바쁩니다.

② 나중에 다시 전화를 하고 싶습니다.

③ 메모를 남기고 싶습니다.

④ 호텔에서 일하고 싶습니다.

26. ① 아이들은 방학 때 농촌에 가야 합니다.

② 아이들 농촌 체험 마을에 관심이 있습니다.

③ 농촌 체험 마을은 한 곳에서만 합니다.

④ 농촌 체험 마을 소개는 인터넷에서 볼 수 없습니다.

27. ① 배운 요리를 만들어 보고 싶습니다.

② 요리를 잘합니다.

③ 내일은 특별한 날이라고 생각합니다.

④ 음식을 만들 시간이 없습니다.

1. 🔲 어? 벌써 퇴근하세요? あれ？ もうお帰りですか？

🔲 네, 몸이 좀 아파서 일찍 들어가고 싶어요.
はい，具合が悪くて早く帰りたいんです。

🔲 그러세요. そうしてください。
요즘 일이 많아서 퇴근이 늦었지요? この頃仕事が多く帰りが遅かったでしょう。
일찍 집에 가서 푹 쉬세요. 早く家に帰ってゆっくり休んでください。

🔲 네, 고마워요. はい，ありがとうございます。
그럼 내일 봬요. ではまた明日。

① 오늘 몸이 아주 좋습니다. 今日，コンディションがとてもいいです。
② 오늘 회사를 쉬고 싶습니다. 今日，会社を休みたいです。
③ 일찍 집에 가서 쉬고 싶습니다. **早く家に帰って休みたいです。**
④ 내일도 회사를 쉬고 싶습니다. 明日も会社を休みたいです。

2. 🔲 노래 좋아하세요? 歌好きですか？

🔲 네, 아주 좋아해요. はい，とても好きです。

🔲 그럼 우리 수업 끝나고 노래방에 갈래요?
では僕たち授業が終わってからカラオケに行きましょうか？

🔲 좋아요. 그런데 저는 노래는 좋아하지만 잘 못 불러요.
いいですよ。ところで私は歌が好きですけど，上手ではありません。

① 매일 노래방에 갑니다. 毎日カラオケに行きます。
② 노래를 잘하지 못합니다. **歌が上手ではありません。**
③ 매일 노래방에 가고 싶어합니다. 毎日カラオケに行きたがります。
④ 노래를 잘 부릅니다. 歌が上手です。

3. (따르릉) (電話のベル音)

🈚 네, 전화 감사합니다. 한국 호텔입니다.

はい，お電話ありがとうございます。韓国ホテルです。

🈚 방을 예약하고 싶은데요. 부屋を予約したいのですが。

部屋を予約したいのですが。

🈚 어떤 방을 원하십니까? どんなお部屋がよろしいでしょうか。

どんなお部屋がよろしいでしょうか。

🈚 2인용에 바다가 아주 잘 보이는 방으로 부탁합니다.

2人部屋で海がとてもよく見える部屋でお願いします。

① 방을 예약했습니다. 部屋を予約しました。
② 하숙집을 찾고 있습니다. 下宿を探しています。
③ 빵을 먹고 싶어합니다. パンを食べたがっています。
④ 바다를 볼 수 있는 방을 원합니다. 海が見える部屋を希望しています。

4. 🈚 테니스 잘 쳐요? テニスお上手ですか？

テニスお上手ですか？

🈚 네, 친구들과 자주 쳐요. はい，友達とよくやります。

はい，友達とよくやります。

🈚 그럼 다음 주부터 주말마다 저에게 좀 가르쳐 줄 수 있어요?

では来週から毎週末，私に教えてくれることは可能ですか？

🈚 좋아요. 토요일 10시에 공원 입구에서 만나요.

いいですよ。土曜日10時に公園の入口で会いましょう。

① 주말에 쉬고 싶습니다. 週末に休みたいです。
② 테니스를 가르치려고 합니다. テニスを教えようとしています。
③ 테니스를 안 칩니다. テニスをしません。
④ 공원에 있고 싶습니다. 公園にいたいです。

5. 🔳 어서 오세요. 모두 몇 분이세요? いらっしゃいませ。全部で何名様ですか？

🔳 세 사람이에요. 테이블로 부탁합니다. 3人です。テーブル席でお願いします。

🔳 죄송한데요, 지금은 카운터석밖에 없는데 괜찮으세요?
申し訳ありませんが今はカウンター席しかないのですが，よろしいですか？

🔳 그래요? 그럼 테이블 자리가 나올 때까지 기다릴게요.
そうですか？ ではテーブル席が空くまで待ちます。

① 기다리는 것을 싫어합니다. 待つことが嫌いです。
② 이 가게는 카운터석밖에 없습니다. この店はカウンター席しかありません。
③ 서로 마주보고 앉는 자리를 원합니다. 互いに向かい合う席が欲しいです。
④ 기다리지 않고 바로 자리에 앉고 싶습니다.
待たずにすぐ席に座りたいです。

6. 🔳 요즘 일이 많네요. この頃，仕事が多いですね。

🔳 네, 날마다 일 때문에 집에 늦게 가니까 너무 피곤해요.
はい，毎日仕事のせいで遅く帰るからとても疲れています。

🔳 주말엔 뭐 할 거예요? 같이 낚시하러 갈래요?
週末には何をする予定ですか？ 一緒に釣りに行きますか？

🔳 아니요, 주말에는 집에서 푹 쉬고 싶어요.
いいえ，週末は家でゆっくり休みたいです。

① 주말에는 쉬고 싶습니다. 週末には休みたいです。
② 주말에는 집에서 일하고 싶습니다. 週末には家で仕事したいです。
③ 주말에도 회사에 가고 싶습니다. 週末にも会社に行きたいです。
④ 요즘 회사 일이 많지 않습니다. この頃会社の仕事が多くありません。

7. 여 선생님, 내일 학교에 못 올 것 같습니다.

先生, 明日学校に来れそうもないです。

남 왜 못 옵니까? どうして来られないのでしょうか？

여 어머니께서 한국에 처음 오시기 때문에 공항에 마중을 나가야 해요.

母が韓国に初めて来るので空港に迎えに行かなければなりません。

남 알겠어요. 조심해서 다녀와요. わかりました。気をつけていってらっしゃい。

① 어머니와 한국에서 살고 싶습니다. 母と韓国で暮らしたいです。
② 어머니가 한국에 계시면 좋겠습니다. 母が韓国にいればいいです。
③ 매일 학교에 안 가고 싶습니다. 毎日学校に行きたくありません。
④ 내일은 학교를 쉬고 싶습니다. 明日は学校を休みたいです。

8. 남 유학 온 지 얼마나 됐어요? 留学に来てからどのくらいになりましたか？

여 1년쯤 됐어요. 1 年くらいになりました。

남 가족들이 보고 싶지 않아요? 家族に会いたくないですか？

여 처음에는 많이 보고 싶었는데 지금은 친구도 많이 생겨서 괜찮아요.

初めはとても会いたかったのですが, 今は友達もたくさんできたので大丈夫です。

① 지금도 가족이 보고 싶습니다. 今も家族に会いたいです。
② 가족들과 같이 유학을 가고 싶습니다. 家族と一緒に留学に行きたいです。
③ 지금은 친구가 많아서 외롭지 않습니다.

今は友達が多いので寂しくありません。
④ 일 년 더 한국에서 공부하고 싶습니다. 1 年以上, 韓国で勉強したいです。

9. 🔵 약은 먹었어요? 　　　　　　　　　　　薬は飲みましたか？
　　아직 얼굴이 안 좋은데요. 　　　　　　　まだ顔色がよくないですよ。

🔴 네, 먹었어요. 　　　　　　　　　　　　　　はい，飲みました。
　　그래도 머리가 계속 아프네요. 　　　　でも頭がずっと痛いです。

🔵 그럼 일찍 퇴근하시고 빨리 병원에 가 보세요.
　　　　　　　　　　　　　では早退して早く病院に行ってみてください。

🔴 하지만 내일 회의 자료를 준비해야 해요.
　　　　　　　しかし明日の会議の資料を準備しなければなりません。

① 오늘은 일찍 퇴근할 수 있습니다. 　　今日は早く退社できます。
② 병원에 가고 싶지만 일찍 퇴근할 수 없습니다.
　　　　　　　　　　　　　病院へ行きたいけど早退できません。
③ 회의 자료 준비가 끝났습니다. 　　会議の資料の準備が終わりました。
④ 약을 먹고 싶습니다. 　　　　　　　　薬を飲みたいです。

10. 🔵 이번 토요일 오후에 시간이 있으면 우리 집에 오세요.
　　　　　　　　今度の土曜日の午後時間があればうちに来てください。

🔴 왜요? 무슨 특별한 일이라도 있어요?
　　　　　　　　なぜですか？　何か特別なことでもあるんですか？

🔵 같은 반 친구들과 생일 파티를 할 거예요.
　　　　　　　同じクラスメートたちと誕生パーティをするつもりです。

🔴 미안해요. 오후에는 아르바이트가 있어서 갈 수 없어요.
　　　　　　　ごめんなさい。午後はバイトがあるので行けません。

① 일 때문에 파티에 못 갑니다. 　　仕事のせいでパーティに行けません。
② 일요일에는 시간이 있습니다. 　　日曜日には時間があります。
③ 혼자 생일 파티를 합니다. 　　　　ひとりで誕生日パーティをします。
④ 특별한 일을 싫어합니다. 　　　　特別なことが嫌いです。

11. 🔴 현미 씨한테 연락했어요?   ヒョンミさんに連絡しましたか？

🔵 네, 문자도 보내고 전화도 여러 번 해 봤는데 답장이 없네요.
    はい，メールも送って電話も何度もしてみましたが返事がありません。

🔴《걱정되는 목소리로》아무 일도 없겠지요? 《心配している声で》何事もないですよね。

🔵 없을 겁니다.   ないと思います。
  잠시 후에 다시 연락해 볼게요.   しばらくしてからまた連絡してみます。

  ① 현미 씨에게 연락 안 할 겁니다.   ヒョンミさんに連絡しません。
  ② 현미 씨에게서 연락이 왔습니다.   ヒョンミさんから連絡が来ました。
  ③ 현미 씨가 걱정됩니다.   **ヒョンミさんが心配です。**
  ④ 현미 씨에게 여러 번 연락했습니다. ヒョンミさんに何回も連絡しました。

12. 🔵 어서 오세요.   いらっしゃいませ。

🔴 아까 전화로 이야기한 방을 좀 보러 왔는데요.
    さっき電話で話した部屋を見に来たのですが。

🔵 네, 기다리고 있었습니다. 지금 같이 보러 가시죠.
    はい，お待ちしておりました。今ご一緒に見に行きましょう。

🔴 그런데 아파트에서 개나 고양이를 키우고 싶은데 괜찮을까요?
    ところでアパートで犬や猫を飼いたいのですが大丈夫でしょうか。

  ① 방 예약은 전화로만 가능합니다.   部屋の予約は電話のみで可能です。
  ② 전화로 이야기한 방이 없습니다.   電話で話した部屋がありません。
  ③ 지금 방을 보러 갈 수 없습니다.   今，部屋を見に行けません。
  ④ 애완동물을 키워도 되는 방을 찾고 싶습니다.
    ペットが飼える部屋を探しています。

13. 🔵 노트북이 또 고장났어요? ノートパソコンがまた壊れたんですか？

이번에는 고치지 말고 새로 하나 사는 게 어때요?
今度は直さないで新しく１つ買うのはどうですか？

🔴 새 것은 얼마나 할까요? 新しいのはいくらするんでしょうか？

🔵 가볍고 싼 것도 많이 있어요. 디자인도 예쁘고요.
軽くて安いものもたくさんあります。デザインもきれいですし。

🔴 네, 새 걸 사기 위해 열심히 돈을 모아야겠어요.
はい、新しいのを買うために一生懸命にお金を貯めなければなりません。

① 노트북은 무겁습니다. ノートパソコンは重いです。

② 노트북을 사기 위해 돈을 모으고 싶습니다.
ノートパソコンを買うためにお金を貯めたいです。

③ 새 노트북은 가볍고 마음에 듭니다.
新しいノートパソコンは軽くて気に入っています。

④ 노트북을 고쳐서 쓰고 싶습니다. ノートパソコンを修理して使いたいです。

---

14. 🔴 회사 앞에 새로 가게가 생겼는데 가 봤어요?
会社の前に新しくお店ができましたが、行ってみましたか？

🔵 아직 못 가 봤어요. 맛이 어때요? まだ行ってみてないです。味はどうですか？

🔴 지난주에 친구와 가 봤는데 맛있었어요.
先週友人と行ってみましたが、おいしかったですよ。

분위기도 서비스도 아주 좋았어요. 雰囲気もサービスもとてもよかったです。

무엇보다 가격이 제일 마음에 들었어요. 何より価格が一番気に入りました。

🔵 그래요? 나도 꼭 한 번 가 봐야겠네요. そうですか？ 私も是非一度行ってみます。

① 음식은 맛있는데 분위기가 안 좋습니다.
料理はおいしいけど雰囲気がよくないです。

② 음식은 맛있는데 가격이 비쌉니다. 料理はおいしいけど価格が高いです。

③ 제일 마음에 드는 것은 가격입니다. 一番気に入ったのは価格です。

④ 가게가 회사에서 아주 멉니다. お店が会社からとても遠いです。

15. 여 요즘 자전거로 출근하는 사람이 많아진 것 같아요.

最近自転車で出勤する人が増えたようです。

남 맞아요. 출근하면서 운동도 할 수 있으니까요.

そうですね。出勤しながら運動もできるからですよ。

저도 지난달부터 자전거를 타고 다녀요.

僕も先月から自転車で通っています。

여 그래서 저도 자전거를 하나 사려고 해요.

なので私も自転車を1つ買おうと思います。

남 자전거 사고도 많이 나니까 조심해서 타세요.

自転車の事故もたくさんあるから気を付けて乗ってください。

① 자전거를 사고 싶습니다. 　　　　自転車を買いたいです。
② 출근 시간에는 사람이 많습니다. 　出勤時間には人が多いです。
③ 자전거는 반드시 건강에 좋습니다. 　自転車は必ず健康にいいです。
④ 자전거를 빌리려고 합니다. 　　　　自転車を借りようとしています。

---

16. 남 이 약은 하루에 세 번 일주일 동안 드세요.

この薬は1日に3回，1週間飲んでください。

여 네, 그런데 언제 먹어요? 　　　　はい，ですがいつ飲むんですか？

남 반드시 식사 후에 드시고 이 약을 드시는 동안 술은 마시지 마세요.

必ず食後に飲んで，この薬を飲む間，お酒は飲まないでください。

여 네, 알겠습니다. 매일 운전을 해야 하는데 괜찮을까요?

はい，わかりました。毎日運転をしなければならないのですが，大丈夫でしょうか。

남 운전은 해도 됩니다. 　　　　運転はしても大丈夫です。

① 약은 먹고 싶지 않습니다. 　　　　薬は飲みたくありません。
② 약은 밥 먹기 전에 먹어야 합니다. 薬は必ずご飯の前に飲まないといけません。
③ 약을 먹는 동안 술을 마셔도 괜찮습니다.

薬を飲む間，お酒を飲んでもいいです。
④ 약을 먹는 동안에도 운전을 하고 싶습니다.

薬を飲む間でも運転をしたいです。

17. 🔵《감탄하며》옛날 우표와 그림엽서가 정말 많네요.

《感心しながら》昔の切手と絵葉書が本当に多いですね。

🔴 우표와 그림 엽서를 모으는 게 제 취미예요.

切手と絵葉書を集めるのが私の趣味です。

그림엽서는 그 곳의 특징을 잘 나타내고 있지요.

絵葉書はその場所の特徴をよく表していますよね。

🔵 외국 것도 많이 있는데요, 어디서 사요?

外国のもたくさんありますが、どこで買うんですか？

🔴 제가 여행 갔을 때 사 올 때도 있지만 해외 출장을 자주 가시는
아버지께 주로 부탁하고 있어요.

私が旅行に行ったとき買ってくるときもありますが、
海外出張でよく出かける父に主にお願いしています。

① 외국의 우표와 그림엽서를 살 수 없습니다.

外国の切手と絵葉書を買えません。

② 우표와 그림엽서를 사려고 출장을 자주 갑니다.

切手と絵葉書を買おうと出張によく行きます。

③ 친구한테서 우표와 그림엽서를 받고 싶습니다.

友達から切手と絵葉書をもらいたいです。

④ 외국 우표와 그림엽서는 아버지께 자주 부탁합니다.

外国の切手と絵葉書は父によくお願いします。

18. 🔲 언제부터 안경을 썼어요? いつから眼鏡を掛けましたか？

🔲 이거요? 실제로 눈이 나빠서 쓰는 게 아니에요.
これですか？ 実際に目が悪くて掛けるのではありません。

🔲 진짜 안경이라고 생각했어요. 本当の眼鏡だと思いました。
눈이 나쁘지도 않은데 왜 써요? 目が悪くもないのにどうして掛けるんですか？
불편하지 않아요? 不便ではありませんか？

🔲 요즘은 멋으로도 써요. 最近はおしゃれとして掛けます。
패션이라고 생각해요. ファッションだと考えています。

① 실제로 눈이 나빠졌습니다. 実際に目が悪くなりました。
② 안경도 패션이라고 생각합니다. **眼鏡もファッションだと考えます。**
③ 생활에 불편해도 안경은 안 쓰고 싶습니다.
生活に不便でも眼鏡はかけたくありません。
④ 눈이 좋아도 안경을 꼭 써야 합니다.
視力がよくても眼鏡を必ずかけなければなりません。

19. 🔲 왜 이렇게 늦었어요? どうしてこんなに遅かったんですか？

🔲 정말 미안해요. 本当にごめんなさい。
일찍 나왔는데 길이 많이 막혀서요. 早めに出てきましたが道が混んでいてね。
다음부터는 차로 오면 안 될 것 같아요.
次からは車で来るのはやめたほうがよさそうですね。

🔲 네, 출퇴근 시간에는 자동차나 버스보다 지하철이 훨씬 빠르고 편해요.
ええ，出退勤の時間には車やバスより地下鉄がはるかに速いし楽ですよ。

🔲 그렇네요. そうみたいですね。
이렇게 막힐 줄 몰랐어요. こんなに渋滞するとは思わなかったです。

① 약속 시간에 늦지 않았습니다. 約束の時間に遅れませんでした。
② 도로는 언제나 막힌다고 생각합니다. 道路はいつも渋滞すると思います。
③ 다음에는 지하철을 이용하려고 생각합니다.
次からは地下鉄を利用しようと思います。
④ 일찍 출발해서 좋았습니다. 早めに出発してよかったです。

20. 📋 유학 생활이 끝나면 앞으로 무슨 일을 하고 싶으세요?

留学生活が終わったらこれからどんな仕事をしたいですか？

🈀 전 기자가 되어서 앞으로 한국과 일본의 문화 교류에 관한 일을 하고 싶어요.

私は記者になってこれから韓国と日本の文化交流に関する仕事をしたいです。

📋 그래서 한국어도 열심히 공부하시는군요.

それで韓国語も一生懸命に勉強なさってるんですね。

🈀 네, 유학이 끝나도 계속 한국에서 살고 싶어요.

はい，留学が終わっても引き続き韓国に住みたいです。

① 한국에서 일하면서 살고 싶습니다. **韓国で働きながら住みたいです。**
② 유학이 끝나면 귀국하고 싶습니다. 留学が終わったら帰国したいです。
③ 양국의 문화 교류에 관심이 없습니다.

両国の文化交流に関心がありません。

④ 한국어 공부가 다 끝났습니다. 韓国語の勉強はすべて終わりました。

---

21. 📋 한국 생활에 이제 좀 익숙해졌어요? 韓国の生活にもう慣れましたか？

🈀 네, 덕분에 이제는 혼자서도 여기저기 잘 다녀요.

はい，おかげさまで今はひとりでもあちこちよく歩き回っています。

한국 친구들이 한국어 공부도 많이 도와주고 있어요.

韓国の友達が韓国語の勉強もたくさん助けてくれています。

📋 다행이네요. よかったですね。

한국어 공부 중에서 제일 어려운 건 뭐예요?

韓国語の勉強中で最も難しいのは何ですか？

🈀 읽기, 듣기, 말하기 다 쉽지 않지만 쓰기가 가장 어려워요.

読解，聞取り，発話，全部簡単ではないけど書取りが一番難しいです。

① 작문 공부가 제일 어렵습니다. **作文が一番難しいです。**
② 한국 생활이 계속 어렵습니다. 韓国の生活がずっと（継続して）大変です。
③ 한국 친구가 없습니다. 韓国の友達がいません。
④ 아직도 혼자서 다닐 수 없습니다. まだひとりで歩き回れません。

22. 🇳 밖은 더운데 커피숍 안은 좀 춥네요.

外は暑いのにカフェの中はちょっと寒いですね。

🇾 가게 안은 에어컨을 너무 세게 틀어서 그럴 거예요.

店の中はエアコンが効きすぎているのでそうだと思います。

🇳 전 여름에도 감기에 걸릴 때가 있어요.

私は夏にも風邪を引くときがあります。

🇾 그래서 전 여름에도 항상 긴소매 옷을 한 벌 가지고 다녀요.

それで私は夏でもいつも長袖の服を１着持ち歩いています。

① 겨울에만 감기에 걸립니다. 　　　　　　　冬にだけ風邪を引きます。
② 지금은 겨울입니다. 　　　　　　　　　　　　今は冬です。
③ 여름에도 긴소매 옷이 필요합니다. 　　夏でも長袖の服が必要です。
④ 에어컨을 끄고 싶습니다. 　　　　　　　エアコンを消したいです。

23. 🇾 토요일에 아이들과 동물원에 가기로 했는데 날씨가 어때요?

土曜日に子どもたちと動物園に行くことにしましたが，天気はどうですか？

🇳 바람도 불고 비가 올 것 같아요. 　　　　風も吹いて雨が降りそうです。

🇾 날씨가 별로 안 좋네요. 　　　　天気があまりよくないですね。
그러면 아이들을 실내 수영장으로 데리고 가야겠네요.

ならば，子どもたちを室内プールに連れていくのがいいですね。

🇳 그렇게 하는 게 좋겠어요. 　　　　そうしたほうがよさそうです。
집에만 있는 것보다 아이들이 좋아할 거예요.

家にいるより子どもたちが喜ぶでしょう。

① 계획을 바꾸려고 합니다. 　　　　　計画を変えようと思います。
② 일기예보는 안 맞습니다. 　　　　　天気予報は当たりません。
③ 오늘은 비도 오고 바람도 붑니다. 　　今日は雨も降って風も吹きます。
④ 날씨가 좋아서 아이들과 수영장에 갑니다.

天気がいいので子どもたちとプールに行きます。

24. 여 우리 둘뿐인데 주문한 음식이 많지 않아요?

私たち2人だけですが料理が多くないですか？

남 먹고 남으면 가져 가면 되니까 걱정하지 마세요.

食べ残ったら持って帰ればいいので心配しないでください。

여 그래도 너무 많이 남을 것 같아요.　　それでもたくさん残りそうですよ。
　지금 주문을 취소하면 안 될까요?　　今注文を取り消せないでしょうか。

남 그럼 식당 아주머니에게 한번 물어봅시다.

では食堂のおばさんに一度聞いてみましょう。

① 주문한 음식을 먹을 사람이 많습니다. 注文した料理を食べる人が多いです。
② 남은 음식은 포장해 갈 수 없습니다.　　残った料理は持ち帰れません。
③ 주문한 음식이 매우 적습니다.　　注文した料理はとても少ないです。
④ 음식이 나오기 전에 취소하고 싶습니다.

料理が出る前に取り消したいです。

25. (따르릉)　　　　　　　　　　　　　　　　(電話のベル音)

남 안녕하십니까? 서울호텔입니다.　　おはようございます。ソウルホテルです。

여 여보세요? 707호실 좀 부탁합니다.　　もしもし？ 707号室お願いします。

남 네, 잠시만 기다리십시오.　　　　　　　はい，少々お待ちください。
　《보류 중인 멜로디》 죄송합니다.　　《保留中のメロディー》恐れ入ります。
　지금 방에 안 계신 것 같습니다. ただいま部屋にいらっしゃらないようです。
　메모를 남기시겠습니까?　　　　　　　メモを残されますか？

여 아니요, 나중에 다시 걸겠습니다.　　いいえ，後でまた掛け直します。

① 호텔은 언제나 바쁩니다.　　　　　ホテルはいつも忙しいです。
② 나중에 다시 전화를 하고 싶습니다.　**後でまた電話を掛けたいです。**
③ 메모를 남기고 싶습니다.　　　　　メモを残したいです。
④ 호텔에서 일하고 싶습니다.　　　　ホテルで働きたいです。

26. 🔵 곧 아이들 방학이네요.　　　　　もうすぐ子どもたちが休みになりますね。

🔴 그러네요. 방학 때 아이들에게 좋은 프로그램이 없을까요?
　　　　　そうですね。休み中，子どもたちにいいプログラムはないでしょうか。

🔵 농촌 체험 마을이 인기가 많은 것 같아요. 農村体験村が大人気のようです。
　아이들이 집을 떠나서 여러 가지 일들을 직접 해 볼 수 있는 기회가 될 거예요.
　　　　　子どもたちが家を離れていろいろなことを直接やってみる機会になるでしょう。

　인터넷에서 한번 찾아 보세요.　　　インターネットで一度探してみてください。
　여러 곳에서 아이들을 모집하고 있는 것 같았어요.
　　　　　いろんなところで子どもたちを募集しているようでした。

🔴 그래요?　　　　　　　　　　　　　　そうなんですか？
　알려 줘서 고마워요.　　　　　　　教えてくれてありがとうございます。
　알아보고 바로 신청해야겠네요.　　調べてみて，すぐ申し込みます。

① 아이들은 방학 때 농촌에 가야 합니다.
　　　　　子どもたちは休みのときに農村に行かなければならない。
② 아이들 농촌 체험 마을에 관심이 있습니다.
　　　　　子どもたちの農村体験村に関心があります。
③ 농촌 체험 마을은 한 곳에서만 합니다.
　　　　　農村体験村は１か所だけでやります。
④ 농촌 체험 마을 소개는 인터넷에서 볼 수 없습니다.
　　　　　農村体験村の紹介はインターネットで見ることができません。

27. 🔲 시간이 있을 때 어떻게 보내요? 時間があるときどう過ごしますか？

🔲 저는 집에서 여러 가지 음식을 만들면서 보낼 때가 많아요.
私は家でいろいろな料理をしながら過ごすときが多いです。

내일 시간이 있으시면 우리집에서 점심 같이 먹어요.
明日，時間があればうちで一緒にランチしましょう。

🔲 내일요? 무슨 특별한 날이에요? 明日ですか？　何か特別な日ですか？

🔲 아니요, 그냥 제가 처음으로 김치볶음밥과 잡채 만드는 법을 배웠어요.
いいえ，ただ私が初めてキムチチャーハンとチャプチェの作り方を習いました。

그래서 직접 한번 만들어 보려고요. それで一度手作りしてみようと思って。

🔲 어떤 맛인지 기대되네요. どんな味なのか楽しみです。

그럼 제가 디저트로 과일을 좀 사 가지고 갈게요.
では私がデザートとして果物を少し買って行きますね。

① 배운 요리를 만들어 보고 싶습니다.
習った料理を作ってみようと思っています。

② 요리를 잘합니다. 料理が上手です。

③ 내일은 특별한 날이라고 생각합니다. 明日は特別な日だと思っています。

④ 음식을 만들 시간이 없습니다. 料理を作る時間がありません。

このパートの最近の問題の流れは各種の案内放送の内容です。

 27 Pattern-8

※ [25 ~ 26] 다음을 듣고 물음에 답하십시오.
_{次を 聞いて 問に 答えなさい}

25. 여자가 왜 이 이야기를 하고 있는지 고르십시오.
_{女性が なぜこの 話を して いるのか 選びなさい}

   ① 터미널에 사람이 많아서

   ② 사람을 찾기 위해서

   ③ 방송을 들으려고

   ④ 안내소를 가르쳐 주려고

26. 들은 내용과 같은 것을 고르십시오.
_{聞いた 内容と 同じ ものを 選びなさい}

   ① 이수연 씨는 안내소로 갈 겁니다.

   ② 안내소는 2층에 있습니다.

   ③ 같이 온 사람은 2층에서 기다립니다.

   ④ 이수연 씨는 서울에서 오지 않았습니다.

答えを導くためのアドバイス

　パターン8からパターン10の長文問題は，会話文に対して問いが2つある形です。選択肢もさらに素早く読む必要があります。テストの後半にもなると集中力が切れる頃ですので，しっかり集中しましょう。

　パターン8での問1は「なぜこのような話をしているのか」，問2は「聞いた内容と同じ内容を選ぶ」問題です。案内放送なのでそれぞれその目的はハッキリしています。問1の答えは前半にあるケースがが多いです。問1と問2の選択肢を先に読むことによって音声の内容を推測できることは，問題を早く解くのに大いに役立ちます。

여 (딩동댕) 안내 말씀드립니다. 사람을 찾습니다. 서울 망원동에서 오신 이수연 씨께서는 이 방송을 들으시면 여객 터미널 1층 안내소로 빨리 와 주시기 바랍니다. 같이 오신 분께서 기다리고 계십니다. 감사합니다.

（チャイムの音）ご案内申し上げます。人を探しています。ソウルのマンウォンドン（望遠洞）からいらしたイスヨンさんはこの放送をお聞きになったら旅客ターミナル1階の案内所までただちにお越しください。お連れ様ががお待ちです。ありがとうございます。

25. 여자가 왜 이 이야기를 하고 있는지 고르십시오.

女性がなぜこの話をしているのか選びなさい。

① 터미널에 사람이 많아서 　　　　　ターミナルに人が多くて
② 사람을 찾기 위해서 　　　　　　　人を探すために
③ 방송을 들으려고 　　　　　　　　放送を聞こうと
④ 안내소를 가르쳐 주려고 　　　　　案内所を教えてあげようと

26. 들은 내용과 같은 것을 고르십시오.　　聞いた内容と同じものを選びなさい。

① 이수연 씨는 안내소로 갈 겁니다. 　　イスヨンさんは案内所へ行きます。
② 안내소는 2층에 있습니다. 　　　　　案内所は2階にあります。
③ 같이 온 사람은 2층에서 기다립니다. 　連れは2階で待っています。
④ 이수연 씨는 서울에서 오지 않았습니다.

イスヨンさんはソウルから来ていません。

髪を伸ばす	머리를 기르다	髪を切る	머리를 깎다/자르다
話し合う	이야기를 나누다	橋を渡る	다리를 건너다
道を尋ねる	길을 묻다	道が塞がる	길이 막히다
のどが渇く	목이 마르다	歯を磨く	이를 닦다
電気をつける	불을 켜다	電気を消す	불을 끄다
うそをつく	거짓말을 하다	ボールを蹴る	공을 차다
ガムを噛む	껌을 씹다	ご飯を炊く	밥을 하다/짓다
洗顔する	세수를 하다	名前が売れる	이름이 나다
エアコンをつける	에어컨을 켜다	エアコンを消す	에어컨을 끄다
列を並ぶ	줄을 서다	ストレスが溜まる	스트레스가 쌓이다
ストレスを受ける	스트레스를 받다	ストレスを発散する	스트레스를 풀다
プレゼントをもらう	선물을 받다	プレゼントをあげる	선물을 주다
コインを貯める	동전을 모으다	お金を貯める	돈을 모으다
夢を見る	꿈을 꾸다	引っ越す	이사하다
約束を守る	약속을 지키다	約束を破る	약속을 어기다
地下鉄を乗り換える	지하철을 갈아타다	服を着替える	옷을 갈아입다
履物を履き替える	신발을 갈아신다	話しかける	말을 걸다
服を掛ける	옷을 걸다	紅葉になる	단풍이 들다
財布をなくす	지갑을 잃어버리다	財布が見つかる	지갑을 찾다
人気がある	인기가 있다	人気がない	인기가 없다
食べ物を頼む	음식을 시키다	注文する	주문하다
手紙を送る	편지를 부치다/보내다	飛行機に乗る	비행기를 타다
コーヒーを入れる	커피를 타다/끓이다	ラーメンを作る	라면을 끓이다

卵をゆでる	계란을 삶다	花に水をやる	꽃에 물을 주다
ダイエットをする	다이어트를 하다	食欲がない	입맛/식욕이 없다
口に合う	입에 맞다	肉を焼く	고기를 굽다
ショッピングをする	쇼핑을 하다	買い物する	장을 보다
旅行をする	여행을 가다	旅立つ	여행을 떠나다
荷造りをする	짐을 싸다	印象がいい	인상이 좋다
ひげを剃る	면도를 하다	席を取る	자리를 잡다
服を洗う	옷을 빨다	洗濯する	세탁하다
日が昇る	해가 뜨다	日が沈む	해가 지다
デートする	데이트를 하다	パーティをする	파티를 하다
アルバイトをする	아르바이트를 하다	傘を用意する	우산을 챙기다
コップを片付ける	잔/컵을 치우다	運転免許証を取る	운전면허증을 따다
びっくりする	깜짝 놀라다	ガラスを壊す	유리를 깨다
列を並ぶ	줄을 서다	荷造りをする	짐을 싸다
電気がつく	불이 들어오다	電気が消える	불이 나가다
インターネットをする	인터넷을 하다	Eメールを送る	이메일을 보내다
髪をとかす（梳く）	머리를 빗다	髪を束ねる	머리를 묶다

1. 남자가 왜 이 이야기를 하고 있는지 고르십시오.
① 어린이 옷 가게에 대해 이야기하려고
② 놀이공원을 알리려고
③ 잃어버린 아이를 찾기 위해
④ 가방 가게를 알리려고

2. 들은 내용과 같은 것을 고르십시오.
① 아이는 부모가 없습니다.
② 아이는 치마를 입고 있습니다.
③ 아이의 머리는 짧고 모자를 쓰고 있습니다.
④ 아이의 가방은 까만색입니다.

1. 여자가 왜 이 이야기를 하고 있는지 고르십시오.
① 세일에 대한 질문을 하기 위해
② 고객에게 인사하기 위해
③ 특별 행사를 알리려고
④ 마트에 대해 설명하려고

2. 들은 내용과 같은 것을 고르십시오..。
① 특별 세일은 매일 있습니다.
② 특별 세일은 세 시간 동안 합니다.
③ 특별 세일 매장은 일 층에 있습니다.
④ 모든 그릇은 50% 이상 쌉니다.

3

1. 남자가 왜 이 이야기를 하고 있는지 고르십시오.
① 쓰레기 수거에 대해 부탁하려고
② 쓰레기 수거에 대해 명령하려고
③ 쓰레기 수거에 대해 약속하려고
④ 주민들에게 인사하려고

2. 들은 내용과 같은 것을 고르십시오.
① 음식물 쓰레기는 뚜껑을 잘 닫아야 합니다.
② 아파트에는 항상 쓰레기가 많습니다.
③ 쓰레기는 관리 사무실에서 치워 줍니다.
④ 깨끗한 환경을 위해 주민들이 청소를 해야 합니다.

4

1. 여자가 왜 이 이야기를 하고 있는지 고르십시오.
① 우산을 팔려고
② 여행 계획을 알리려고
③ 초대하고 싶어서
④ 날씨 정보를 알리려고

2. 들은 내용과 같은 것을 고르십시오.
① 서울은 내일 아침에도 비가 오겠습니다.
② 하루 종일 흐린 날씨가 되겠습니다.
③ 늦게 집에 돌아가는 사람은 우산을 준비해야 합니다.
④ 오전부터 구름이 끼겠습니다.

1. 남자가 왜 이 이야기를 하고 있는지 고르십시오.
① 운전에 대해 말해 주려고
② 내일 날씨를 알리려고
③ 최고 기온에 대해 말해 주려고
④ 이상 기온에 대해 설명하려고

2. 들은 내용과 같은 것을 고르십시오.
① 오늘 밤부터 기온이 내려가겠습니다.
② 내일 오전부터 비가 내리겠습니다.
③ 바람과 안개 때문에 운전 조심해야 합니다.
④ 모레도 날씨는 좋지 않습니다.

1. 여자가 왜 이 이야기를 하고 있는지 고르십시오.
① 다음 공연 일정을 알리려고
② 공연 중의 주의 사항을 알리려고
③ 공연장을 안내하려고
④ 공연 신청을 받으려고

2. 들은 내용과 같은 것을 고르십시오.
① 사람들은 곧 자리에 앉을 것입니다.
② 비디오나 사진을 찍어도 됩니다.
③ 공연이 끝나면 배우들은 바로 돌아갑니다.
④ 오늘이 마지막 공연입니다.

7

1. 남자가 왜 이 이야기를 하고 있는지 고르십시오.
① 놀이동산을 소개하려고
② 강아지들의 사진을 소개하려고
③ 강아지 쇼를 소개하려고
④ 귀여운 강아지들을 팔기 위해서

2. 들은 내용과 같은 것을 고르십시오.
① 쇼가 끝난 후 강아지를 살 수 있습니다.
② 쇼는 한 시간 동안 합니다.
③ 공연 전에 강아지와 사진을 찍을 수 있습니다.
④ 강아지 쇼는 날마다 있습니다.

8

1. 여자가 왜 이 이야기를 하고 있는지 고르십시오.
① 축구를 해 본 사람을 찾기 위해서
② 회사 운동장에 모이고 싶어서
③ 회원을 모집하고 싶어서
④ 축구를 하고 싶어서

2. 들은 내용과 같은 것을 고르십시오.
① 모임은 둘째 주 토요일에 있습니다.
② 한 달에 두 번 축구 모임이 있습니다.
③ 축구를 해 본 사람만 참가할 수 있습니다.
④ 회원 모집은 끝났습니다.

1. 남자가 왜 이 이야기를 하고 있는지 고르십시오.
① 회원 신청을 받기 위해서
② 동아리 종류를 알려주려고
③ 선물을 알리려고
④ 동아리 회원 모집을 알리려고

2. 들은 내용과 같은 것을 고르십시오.
① 회원 모집 소개는 체육관에서 합니다.
② 회원 모집 소개는 오리엔테이션과 같은 시간에 합니다.
③ 올해는 선물이 많지 않습니다.
④ 이 날만 신청할 수 있습니다.

1. 여자가 왜 이 이야기를 하고 있는지 고르십시오.
① 도서관 수리를 알리려고
② 도서관 행사를 알리려고
③ 도서관 이용 시간을 알리려고
④ 도서관 위치를 안내하려고

2. 들은 내용과 같은 것을 고르십시오.
① 행사는 오후 한 시부터 시작됩니다.
② 행사는 매주 금요일에 있습니다.
③ 행사는 토요일 오전 중에 끝납니다.
④ 동화책은 아이가 고를 수 있습니다.

11

1. 남자가 왜 이 이야기를 하고 있는지 고르십시오.
① 주민들께 무료 영화 안내를 하려고
② 주민들의 부탁이 있어서
③ 주민들께 너무 감사해서
④ 주민들의 질문에 답하기 위해

2. 들은 내용과 같은 것을 고르십시오.
① 일요일에도 영화를 볼 수 있습니다.
② 입장료를 내야 합니다.
③ 스케줄은 인터넷으로 확인해야 합니다.
④ 아이들과 같이 볼 영화가 많습니다.

12

1. 여자가 왜 이 이야기를 하고 있는지 고르십시오.
① 새 영화를 알리려고
② 추첨 시간을 알리려고
③ 할인권을 알리려고
④ 영화관을 알리려고

2. 들은 내용과 같은 것을 고르십시오.
① 내용을 더 알고 싶으면 인터넷에서 찾습니다.
② 할인 기간은 여섯 달 동안입니다.
③ 이 영화관은 십 년 전에 생겼습니다.
④ 할인은 주말에만 합니다.

1. 남자가 왜 이 이야기를 하고 있는지 고르십시오.
① 미술관 위치를 알리려고
② 미술관 안에서의 주의 사항을 전하려고
③ 작품에 대해 설명하려고
④ 작품을 팔기 위해서

2. 들은 내용과 같은 것을 고르십시오.
① 전시회는 석 달 동안 열립니다.
② 어디에서나 음식물을 먹어도 됩니다.
③ 사진은 찍어도 됩니다.
④ 작품을 만져도 됩니다.

1. 여자가 왜 이 이야기를 하고 있는지 고르십시오.
① 기숙사 신청 방법을 말해주려고
② 기숙사 음식을 말해주려고
③ 기숙사 생활 규칙을 알리려고
④ 기숙사의 위치를 알리려고

2. 들은 내용과 같은 것을 고르십시오.
① 밤 열한 시가 지나면 기숙사에 들어갈 수 없습니다.
② 늦은 시간에는 세탁기를 사용해도 됩니다.
③ 방에서 음식을 만들어도 괜찮습니다.
④ 기숙사 건물 안에서는 담배를 피워도 됩니다.

15

1. 남자가 왜 이 이야기를 하고 있는지 고르십시오.
① 한국어를 가르칠 학생이 필요해서
② 학생회관이 바빠서
③ 안내 센터가 바빠서
④ 전화번호를 몰라서

2. 들은 내용과 같은 것을 고르십시오.
① 주말에도 한국어를 가르칩니다.
② 일주일에 두 번 가르치면 됩니다.
③ 하루에 한 시간씩 가르칩니다.
④ 문법과 회화 그리고 가이드도 해야 합니다.

16

1. 여자가 왜 이 이야기를 하고 있는지 고르십시오.
① 한국어를 배우려고
② 고향으로 돌아가는 유학생들을 위해
③ 한국어 공부를 끝내려고
④ 유학생들의 발표회를 알리려고

2. 들은 내용과 같은 것을 고르십시오.
① 유학생들은 한국어 공부가 끝나기 전에 귀국합니다.
② 발표회 장소는 체육관입니다.
③ 발표회는 이번 주 토요일에 있습니다.
④ 발표회는 수료식 날에 있습니다.

1. 남자가 왜 이 이야기를 하고 있는지 고르십시오.
① 갈아타는 역을 알려주기 위해
② 승객의 안전을 위해
③ 버스 이용 방법을 알려주려고
④ 지하철역 이름을 소개하려고

2. 들은 내용과 같은 것을 고르십시오.
① 지금 타고 있는 지하철은 2호선입니다.
② 시청에 가려면 이번 역이 편리합니다.
③ 내릴 문은 오른쪽입니다.
④ 이번 역에서 3호선으로 갈아탈 수 있습니다.

1. 여자가 왜 이 이야기를 하고 있는지 고르십시오.
① 연수 일정을 알리려고
② 자유 시간을 알리려고
③ 연수 내용을 이야기해 주려고
④ 편안한 옷에 대해 말해 주려고

2. 들은 내용과 같은 것을 고르십시오.
① 자유 시간은 없습니다.
② 연수는 이주일 동안 합니다.
③ 연수 장소까지 회사 버스로 갑니다.
④ 신입사원들은 참가 안 해도 됩니다.

19

1. 남자가 왜 이 이야기를 하고 있는지 고르십시오.
① 비행기가 곧 출발하니까 안전을 위해서
② 목적지에 다 왔으니까
③ 항공 이용을 신청하려고
④ 안전 벨트 사용을 설명하려고

2. 들은 내용과 같은 것을 고르십시오.
① 전자기기는 도착할 때까지 사용할 수 없습니다.
② 비행기는 곧 도착할 겁니다.
③ 전자기기의 전원은 끄지 않아도 됩니다.
④ 승객들은 자리에 앉아 안전 벨트를 해야 합니다.

1

🔊 (딩동댕) 안내 데스크에서 안내 말씀드리겠습니다. 아이를 찾고 있습니다. 4살 여자아이입니다. 흰색 긴소매 셔츠에 검은색 바지를 입고 있습니다. 빨간색 모자를 쓰고 노란색 가방을 메고 있습니다. 키는 100cm 정도이고 머리는 짧습니다. 이런 아이를 보신 분께서는 안내 데스크로 데리고 와 주시면 감사하겠습니다. 아이의 어머니가 기다리고 있습니다.

（チャイム音）案内デスクからご案内申し上げます。子どもを探しています。4歳の女の子です。白の長袖シャツに黒のズボンを着ています。赤色の帽子を被っていて，黄色のカバンを背負っています。身長は100cm程度で髪は短いです。このような子どもを見かけた方は案内デスクに連れてきてくださるとありがたいです。子どもの母親が待っています。

1. 남자가 왜 이 이야기를 하고 있는지 고르십시오.

男性がなぜこの話をしているのか選びなさい。

① 어린이 옷 가게에 대해 이야기하려고　子どもの洋服店について話そうと

② 놀이공원을 알리려고　遊園地を知らせようと

③ 잃어버린 아이를 찾기 위해　**迷子になった子どもを探すために**

④ 가방 가게를 알리려고　カバン店を知らせようと

2. 들은 내용과 같은 것을 고르십시오.　聞いた内容と同じものを選びなさい。

① 아이는 부모가 없습니다.　子どもは親がいません。

② 아이는 치마를 입고 있습니다.　子どもはスカートを履いています。

③ 아이의 머리는 짧고 모자를 쓰고 있습니다.

子どもの髪は短く，帽子を被っています。

④ 아이의 가방은 까만색입니다.　子どものカバンは黒色です。

🔊 (딩동댕) 손님 여러분 안녕하십니까? 오늘도 저희 마트를 찾아 주셔서 감사합니다. 잠시 안내 말씀드립니다. 오늘은 한 달에 한 번 특별 세일이 있는 날입니다. 오후 1시부터 5시까지 2층 특별 매장에서 여러 상품의 할인 판매가 있을 예정입니다. 이번 달은 그릇 종류가 모두 반액 이상 할인이 됩니다. 이 기회를 놓치지 마시기 바랍니다.

(チャイム音) お客様こんにちは。今日も当スーパーマーケットをご利用いただきありがとうございます。しばしご案内申し上げます。本日は月に1度の特別セールがある日です。午後1時から5時まで2階の特別売り場で各種商品のセール販売がある予定です。今月は食器類がすべて半額以上の割引になります。この機会をどうぞお見逃しなく。

---

1. 여자가 왜 이 이야기를 하고 있는지 고르십시오.

女性がなぜこの話をしているのか選びなさい。

① 세일에 대한 질문을 하기 위해　　　セールに関する質問をするため
② 고객에게 인사하기 위해　　　　　顧客に挨拶するため
❸ 특별 행사를 알리려고　　　　　　特別イベントを知らせようと
④ 마트에 대해 설명하려고　　　　　スーパーマーケットについて説明しようと

---

2. 들은 내용과 같은 것을 고르십시오.　　聞いた内容と同じものを選びなさい。

① 특별 세일은 매일 있습니다.　　　特別セールは毎日あります。
② 특별 세일은 세 시간 동안 합니다.　特別セールは3時間行います。
③ 특별 세일 매장은 일 층에 있습니다.　特別セール売り場は1階にあります。
❹ 모든 그릇은 50% 이상 쌉니다.　　すべての食器は50%以上安いです。

3

📻 (딩동댕) 안녕하십니까? 아파트 관리 사무실입니다. 쓰레기 분리수거에 대해 부탁 말씀드리겠습니다. 모든 쓰레기는 잘 분리해서 버려 주시기 바랍니다. 특히 냄새가 나는 음식물 쓰레기는 버린 후 반드시 뚜껑을 잘 닫아 주시기 바랍니다. 깨끗한 아파트 환경을 위해 주민 여러분들의 많은 협조 바랍니다.

（チャイム音）おはようございます。アパート管理事務室です。分別ごみについてお願い申し上げます。すべてのごみはちゃんと分別して捨ててください。特に臭い生ごみは捨てた後、必ず蓋をしてください。清潔なアパートの環境のために住民の皆さまのご協力ください。

1. 남자가 왜 이 이야기를 하고 있는지 고르십시오.

男性がなぜこの話をしているのか選びなさい。

① 쓰레기 수거에 대해 부탁하려고　　ゴミ捨てについてお願いしようと
② 쓰레기 수거에 대해 명령하려고　　ゴミ捨てについて命令しようと
③ 쓰레기 수거에 대해 약속하려고　　ゴミ捨てについて約束しようと
④ 주민들에게 인사하려고　　住民たちに挨拶しようと

2. 들은 내용과 같은 것을 고르십시오.　聞いた内容と同じものを選びなさい。

① 음식물 쓰레기는 뚜껑을 잘 닫아야 합니다.

生ごみはきちんと蓋をしなければなりません。

② 아파트에는 항상 쓰레기가 많습니다. アパートにはいつもゴミが多いです。
③ 쓰레기는 관리 사무실에서 치워 줍니다.

ごみは管理事務室で片付けてくれます。

④ 깨끗한 환경을 위해 주민들이 청소를 해야 합니다.

清潔な環境のために住民たちが掃除をしなければなりません。

예 (딩동댕) 여러분 안녕하십니까? 오늘의 날씨를 전해드리겠습니다. 오늘은 오전에는 전국적으로 맑겠지만 오후부터 구름이 많이 끼고 흐리겠습니다. 서울은 밤부터 많은 비가 오겠지만 내일 아침 출근 시간에는 갤 예정입니다. 밤늦게 귀가하시는 분들께서는 반드시 우산을 챙기시기 바랍니다.

(チャイム音) 皆さま, こんにちは。今日の天気をお知らせいたします。今日の午前中は全国的に晴れますが, 午後から雲が多くかかり曇りになります。ソウルは夜から大雨になりますが, 明日の朝出勤時間には晴れるでしょう。夜遅く帰る方は必ず傘を用意してください。

1. 여자가 왜 이 이야기를 하고 있는지 고르십시오.

女性がなぜこの話をしているのか選びなさい。

① 우산을 팔려고　　　　　　　　　　　傘を売ろうと
② 여행 계획을 알리려고　　　　　　　旅行の計画を知らせようと
③ 초대하고 싶어서　　　　　　　　　　招待したくて
④ 날씨 정보를 알리려고　　　　　　**天気情報を知らせようと**

2. 들은 내용과 같은 것을 고르십시오.　　聞いた内容と同じものを選びなさい。

① 서울은 내일 아침에도 비가 오겠습니다.

ソウルは明日の朝にも雨が降ります。

② 하루 종일 흐린 날씨가 되겠습니다.　一日中, 曇った天気になります。

③ 늦게 집에 돌아가는 사람은 우산을 준비해야 합니다.

帰りが遅くなる人は傘を用意しなければなりません。

④ 오전부터 구름이 끼겠습니다.　　　午前から雲がかかります。

(딩동댕) 안녕하십니까? 내일의 날씨를 알려드리겠습니다. 오늘 밤부터 기온이 조금씩 올라가서 내일은 최저 기온이 영상 7도가 되겠습니다. 내일 아침에는 바람이 많이 불고 안개가 끼는 곳도 있겠습니다. 운전할 때 조심하시기 바랍니다. 그리고 내일 오후부터 밤늦게까지 비가 예상되겠습니다만 모레부터는 한동안 맑은 날씨가 계속되겠습니다.

（チャイム音）こんにちは。明日の天気をお知らせいたします。今夜から気温が少しずつ上がって明日は最低気温が７度になるでしょう。明日の朝は風が強く霧がかかるところもあるでしょう。運転には気を付けてください。そして明日の午後から夜遅くまで雨が予想されますが，明後日からはしばらく晴れ間が続くでしょう。

---

1. 남자가 왜 이 이야기를 하고 있는지 고르십시오.

男性がなぜこの話をしているのか選びなさい。

① 운전에 대해 말해 주려고　　　　　　　運転について話そうと
② 내일 날씨를 알리려고　　　　　　　　　明日の天気を知らせようと
③ 최고 기온에 대해 말해 주려고　　　　　最高気温について話そうと
④ 이상 기온에 대해 설명하려고　　　　　異常な気温について説明しようと

---

2. 들은 내용과 같은 것을 고르십시오.　　聞いた内容と同じものを選びなさい。

① 오늘 밤부터 기온이 내려가겠습니다.　　今夜から気温が下がります。
② 내일 오전부터 비가 내리겠습니다.　　明日の午前から雨が降ります。
③ 바람과 안개 때문에 운전 조심해야 합니다.
　　　　　強い風と霧のせいで運転に気を付けなければなりません。
④ 모레도 날씨는 좋지 않습니다.　　明後日も天気はよくありません。

여(딩동댕) 관객 여러분께 부탁 말씀드리겠습니다. 이제 곧 공연을 시작하겠습니다. 밖에 계신 분들께서는 들어오셔서 자리에 앉아 주시기 바랍니다. 공연 중에는 휴대 전화를 반드시 꺼 주시고 비디오 촬영이나 사진을 찍지 마시기 바랍니다. 공연이 끝난 후에는 배우들의 사인회도 있으니까 많이 참여해 주시기 바랍니다. 본 공연은 이달 말까지 있을 예정이며 저희들의 다음 공연도 많이 기대해 주시기 바랍니다.

（チャイム音）観客の皆さまにお願い申し上げます。間もなく公演が始まります。外にいらっしゃる方々はお入りになって席にお座りください。公演中には携帯電話の電源を必ず切りビデオ撮影や写真を撮らないようお願いいたします。公演が終わった後は俳優たちのサイン会もありますのでぜひご参加ください。本公演は今月末まで行う予定ですので，私たちの次の公演もどうぞ楽しみくださいますようお願いいたします。

1. 여자가 왜 이 이야기를 하고 있는지 고르십시오.

女性がなぜこの話をしているのか選びなさい。

① 다음 공연 일정을 알리려고　　次の公演日程を知らせようと
② 공연 중의 주의 사항을 알리려고　**公演中の注意事項を知らせようと**
③ 공연장을 안내하려고　　公演場を案内しようと
④ 공연 신청을 받으려고　　公演の申請をもらおうと

2. 들은 내용과 같은 것을 고르십시오.　聞いた内容と同じものを選びなさい。

① 사람들은 곧 자리에 앉을 것입니다.　**人々は間もなく席に座ります。**
② 비디오나 사진을 찍어도 됩니다.　ビデオや写真を撮ってもいいです。
③ 공연이 끝나면 배우들은 바로 돌아갑니다.　公演が終わると俳優たちはすぐに帰ります。
④ 오늘이 마지막 공연입니다.　今日が最後の公演です。

🔊 (딩동댕) 잠시 안내 말씀드립니다. 저희 놀이동산에서는 매일 오후 1시부터 30분 동안 강아지들의 쇼가 있겠습니다. 강아지들의 멋진 공연을 기대해 주십시오. 장소는 분수 옆 스테이지입니다. 공연이 끝난 후 강아지와 함께 사진도 찍을 수 있습니다. 귀여운 강아지들이 여러분을 기다리고 있습니다.

(チャイム音) しばしご案内申し上げます。こちらの遊園地では毎日午後1時から30分間子犬たちのショーがあります。子犬たちのすばらしい公演をお楽しみください。場所は噴水の隣のステージです。公演が終わった後，子犬たちと一緒に写真も撮ることができます。かわいい子犬たちが皆さまをお待ちしております。

---

1. 남자가 왜 이 이야기를 하고 있는지 고르십시오.

男性がなぜこの話をしているのか選びなさい。

① 놀이동산을 소개하려고 　　　　　　遊園地を紹介しようと

② 강아지들의 사진을 소개하려고 　　　子犬たちの写真を紹介しようと

③ 강아지 쇼를 소개하려고 　　　　　　**子犬のショーを紹介しようと**

④ 귀여운 강아지들을 팔기 위해서 　　かわいい子犬たちを売るために

2. 들은 내용과 같은 것을 고르십시오. 　　聞いた内容と同じものを選びなさい。

① 쇼가 끝난 후 강아지를 살 수 있습니다.

　　　　　　　　　ショーが終わった後，子犬を買うことができます。

② 쇼는 한 시간 동안 합니다. 　　　　ショーは1時間やります。

③ 공연 전에 강아지와 사진을 찍을 수 있습니다.

　　　　　　　公演の前に子犬と写真を取ることができます。

④ 강아지 쇼는 날마다 있습니다. 　　　**子犬のショーは毎日あります。**

[예] (딩동댕) 축구 동아리에서 알려드립니다. 저희 축구 동아리는 현재 회원을 모집하고 있습니다. 이 동아리는 누구나 참가하실 수 있습니다. 축구에 관심이 있으신 분, 축구를 해 본 적이 없는 분도 환영합니다. 저희는 한 달에 두 번 축구 모임을 열고 있습니다. 매달 첫째와 셋째 주 토요일 오후 2시부터 회사 운동장에 모여 축구를 합니다. 여러분의 신청을 기다리고 있습니다.

（チャイム音）サッカーサークルからお知らせいたします。当サッカーサークルは現在会員を募集しています。このサークルは誰でも参加していただけます。サッカーに関心のある方、サッカーをやってみたことがない方も歓迎します。私達は月に２回サッカーの集まりを開いています。毎月第１と第３土曜日の午後２時から会社の運動場に集まってサッカーをします。皆さまの申し込みをお待ちしております。

1. 여자가 왜 이 이야기를 하고 있는지 고르십시오.
女性がなぜこの話をしているのか選びなさい。

① 축구를 해 본 사람을 찾기 위해서　サッカーをやってみた人を探すために
② 회사 운동장에 모이고 싶어서　　　会社の運動場に集まりたくて
③ 회원을 모집하고 싶어서　　　　　　**会員を募集したくて**
④ 축구를 하고 싶어서　　　　　　　　サッカーがやりたくて

2. 들은 내용과 같은 것을 고르십시오.　聞いた内容と同じものを選びなさい。

① 모임은 둘째 주 토요일에 있습니다.　集まりは第２土曜日にあります。
② 한 달에 두 번 축구 모임이 있습니다.
　　　　　　　　　　　月に２回サッカーの集まりがあります。
③ 축구를 해 본 사람만 참가할 수 있습니다.
　　　　　　　　　　サッカーをしてみた人だけ参加できます。
④ 회원 모집은 끝났습니다.　　　　会員募集は終わりました。

🔊 (딩동댕) 학생회에서 알립니다. 오늘 신입생 오리엔테이션이 끝난 후 오후 2시부터 여러 동아리 신입 회원 모집 소개가 체육관에서 열립니다. 각 동아리의 활동을 알 수 있는 좋은 기회가 될 것입니다. 신입생들을 위해 여러 가지 선물도 많이 준비되어 있습니다. 동아리에 관심이 있는 학생은 누구나 참가할 수 있고 신청은 언제나 가능합니다. 신입생들의 많은 신청을 기다리고 있습니다.

(チャイム音) 学生会からお知らせです。今日新入生のオリエンテーションが終わった後，午後２時から各種サークルの新入会員募集紹介が体育館で開かれます。各サークルの活動を知ることができるいい機会になるでしょう。新入生のためにいろいろなプレゼントもたくさん用意してあります。サークルに関心のある学生は誰でも参加できますし，申請はいつでも可能です。新入生たちの多くの申請をお待ちしてします。

1. 남자가 왜 이 이야기를 하고 있는지 고르십시오.
男性がなぜこの話をしているのか選びなさい。

① 회원 신청을 받기 위해서　　会員申請を受けるために
② 동아리 종류를 알려주려고　　サークルの種類を知らせるために
③ 선물을 알리려고　　プレゼントを知らせるために
④ 동아리 회원 모집을 알리려고　**サークル会員募集を知らせるために**

2. 들은 내용과 같은 것을 고르십시오.　聞いた内容と同じものを選びなさい。

① 회원 모집 소개는 체육관에서 합니다. **会員募集紹介は体育館であります。**
② 회원 모집 소개는 오리엔테이션과 같은 시간에 합니다.
会員募集紹介はオリエンテーションと同じ時間にやります。
③ 올해는 선물이 많지 않습니다.　今年はプレゼントが多くありません。
④ 이 날만 신청할 수 있습니다.　この日だけ申請することができます。

여 (딩동댕) 오늘도 저희 도서관을 이용해 주셔서 대단히 감사합니다. 도서관에서 안내 말씀드립니다. 잠시 후 오후 2시부터 '동화 코너'에서 어린이들을 위한 동화 읽기가 시작되겠습니다. 동화책은 아이들이 직접 고를 수 있습니다. 동화 읽어 주기는 매주 토요일에 있습니다. 아이들과 함께 즐거운 오후 시간을 가져 보시기 바랍니다.

(チャイム音) 本日も当図書館をご利用いただき誠にありがとうございます。図書館からご案内申し上げます。このあと午後2時から「童話コーナー」で児童のための童話読み聞かせが始まります。童話の絵本は子どもたちが直接選ぶことができます。童話読み聞かせは毎週土曜日にあります。子どもたちと一緒に楽しい午後の時間をお過ごしになってみてください。

1. 여자가 왜 이 이야기를 하고 있는지 고르십시오.

女性がなぜこの話をしているのか選びなさい。

① 도서관 수리를 알리려고　　　　　図書館の修理を知らせようと

② 도서관 행사를 알리려고　　　　　**図書館の行事を知らせようと**

③ 도서관 이용 시간을 알리려고　　　図書館の利用時間を知らせようと

④ 도서관 위치를 안내하려고　　　　図書館の位置を案内しようと

2. 들은 내용과 같은 것을 고르십시오.　　聞いた内容と同じものを選びなさい。

① 행사는 오후 한 시부터 시작됩니다.　行事は午後1時から始まります。

② 행사는 매주 금요일에 있습니다.　　行事は毎週金曜日にあります。

③ 행사는 토요일 오전 중에 끝납니다. 行事は土曜日の午前中に終わります。

④ 동화책은 아이가 고를 수 있습니다.　**童話の本は子どもが選べます。**

🔊 (딩동댕) 주민 여러분께 안내 말씀드리겠습니다. 8월 한 달 주민 센터에서 주민 여러분께 무료로 영화를 보여 드립니다. 평일은 오후 7시 토요일은 오후 5시부터 시작합니다. 방학 기간 동안 아이들과 함께 볼 수 있는 영화도 많이 준비했습니다. 자세한 스케줄은 관리 사무실에서 확인하시기 바랍니다.

(チャイム音) 住民の皆さまにご案内申し上げます。8月の1か月間住民センターで住民の皆さまに無料で映画をお見せします。平日は午後7時から、土曜日は午後5時から始まります。休み期間中、子どもたちと一緒に見られる映画もたくさん用意しました。詳しいスケジュールは管理事務室でご確認ください。

1. 남자가 왜 이 이야기를 하고 있는지 고르십시오.
男性がなぜこの話をしているのか選びなさい。

① 주민들께 무료 영화 안내를 하려고 住民たちに無料映画の案内をしようと
② 주민들의 부탁이 있어서 住民たちの頼みがあったので
③ 주민들께 너무 감사해서 住民たちにとても感謝して
④ 주민들의 질문에 답하기 위해 住民たちの質問に答えるために

2. 들은 내용과 같은 것을 고르십시오. 聞いた内容と同じものを選びなさい。
① 일요일에도 영화를 볼 수 있습니다. 日曜日にも映画が見られます。
② 입장료를 내야 합니다. 入場料を払わなければなりません。
③ 스케줄은 인터넷으로 확인해야 합니다.
スケジュールはインターネットで確認しなければなりません。
④ 아이들과 같이 볼 영화가 많습니다.
子どもたちと一緒に見られる映画が多いです。

🔊 (딩동댕) 안녕하십니까? 여러분께 영화가 시작되기 전에 잠시 안내 말씀드립니다. 시네마 창립 5주년을 맞아 영화 할인권을 판매하고 있습니다. 10월부터 내년 3월까지 6개월 동안 평일에는 30%, 주말에는 20% 할인해 드립니다. 그리고 매일 여기에 오신 두 분께 추첨으로 무료 영화표를 선물로 드립니다. 자세한 내용은 안내 데스크에 문의하시기 바랍니다. 감사합니다.

(チャイム音) こんにちは。皆さまに映画が始まる前に案内申し上げます。シネマ創立5周年を迎えて映画割引券を販売しております。10月から来年の3月まで6か月間、平日には30%、週末には20%の割引になります。そして毎日こちらにいらしたお二方にくじ引きで無料映画チケットをプレゼントいたします。詳しい内容は案内デスクにてお問い合わせください。ありがとうございます。

1. 여자가 왜 이 이야기를 하고 있는지 고르십시오.

女性がなぜこの話をしているのか選びなさい。

① 새 영화를 알리려고　　新しい映画を知らせようと
② 추첨 시간을 알리려고　　くじ引きの時間を知らせようと
③ 할인권을 알리려고　　割引券を知らせようと
④ 영화관을 알리려고　　映画館を知らせようと

2. 들은 내용과 같은 것을 고르십시오.　　聞いた内容と同じものを選びなさい。

① 내용을 더 알고 싶으면 인터넷에서 찾습니다.
内容がもっと知りたければインターネットで探します。
② 할인 기간은 여섯 달 동안입니다.　　割引期間は6か月間です。
③ 이 영화관은 십 년 전에 생겼습니다. この映画館は10年前に出来ました。
④ 할인은 주말에만 합니다.　　割引は週末だけです。

🔊 (딩동댕) 안녕하십니까? 오늘도 저희 미술관을 찾아주셔서 대단히 감사합니다. 미술관 내에서 지켜야 할 주의 사항을 말씀드립니다. 그림이나 작품을 만지거나 사진을 찍지 마십시오. 도시락이나 과자 등은 반드시 휴게실에서 드시기 바랍니다. 관내에서는 조용히 관람해 주시기 바랍니다. 이번 현대 미술 전시회는 3월 1일부터 5월 말일까지 열릴 예정입니다.

（チャイム音）こんにちは。本日も当美術館にお越しいただき誠にありがとうございます。美術館内でお守りいただくべき注意事項をお知らせいたします。絵や作品を触ったり写真を撮らないでください。お弁当やお菓子などは必ず休憩室でお召し上がりください。館内では静かに観覧するようお願い申し上げます。今度の現代美術展示会は３月１日から５月末まで開かれる予定です。

1. 남자가 왜 이 이야기를 하고 있는지 고르십시오.

男性がなぜこの話をしているのか選びなさい。

① 미술관 위치를 알리려고　　　　　美術館の位置を知らせようと
②미술관 안에서의 주의 사항을 전하려고

美術館内での注意事項を伝えようと

③ 작품에 대해 설명하려고　　　　　作品について説明しようと
④ 작품을 팔기 위해서　　　　　　　作品を売るために

2. 들은 내용과 같은 것을 고르십시오.　　聞いた内容と同じものを選びなさい。

①전시회는 석 달 동안 열립니다.　　展示会は３か月間開かれます。
② 어디에서나 음식물을 먹어도 됩니다.　どこでも飲食をしてもいいです。
③ 사진은 찍어도 됩니다.　　　　　写真は撮ってもいいです。
④ 작품을 만져도 됩니다.　　　　　作品を触ってもいいです。

여 (딩동댕) 신입생들을 위해 학교 기숙사 이용에 대해 안내 말씀드리겠습니다. 먼저 식당 이용 시간은 아침 6시 반부터 저녁 8시까지이고 세탁실은 아침 8시부터 밤 9시까지입니다. 늦은 시간에는 세탁기를 사용하지 마시기 바랍니다. 기숙사 건물 안에서는 금연이고 방에서는 음식을 만들 수 없습니다. 모든 출입문은 밤 11시에 닫습니다. 특히 공동 이용 장소에서는 조용히 지내 주시기 바랍니다.

(チャイム音) 新入生のために学校の寄宿舎利用案内についてお知らせいたします。まず，食堂の利用時間は朝6時半から夜8時までで，洗濯室は朝8時から夜9時までです。遅い時間には洗濯機を使わないでください。寄宿舎の建物の内では禁煙で，部屋では料理をしてはいけません。すべての出入口は夜11時に閉めます。特に共同利用場所では静かに過ごすようお願い申し上げます。

1. 여자가 왜 이 이야기를 하고 있는지 고르십시오.

女性がなぜこの話をしているのか選びなさい。

① 기숙사 신청 방법을 말해주려고 　　　寄宿舎申請方法を教えようと
② 기숙사 음식을 말해주려고 　　　　　寄宿舎の食べ物を教えようと
③ 기숙사 생활 규칙을 알리려고 　　　**寄宿舎の生活規則を知らせようと**
④ 기숙사의 위치를 알리려고 　　　　　寄宿舎の位置を知らせようと

2. 들은 내용과 같은 것을 고르십시오. 　　　聞いた内容と同じものを選びなさい。

① 밤 열한 시가 지나면 기숙사에 들어갈 수 없습니다.

夜11時が過ぎると寄宿舎へ入れません。

② 늦은 시간에는 세탁기를 사용해도 됩니다.

遅い時間に洗濯機を使ってもいいです。

③ 방에서 음식을 만들어도 괜찮습니다. 　　部屋で料理をしてもいいです。
④ 기숙사 건물 안에서는 담배를 피워도 됩니다.

寄宿舎の建物の中ではタバコを吸ってもいいです。

🔊 (딩동댕) 유학생 학생회관에서 안내 말씀드리겠습니다. 저희 학교에서 공부하고 있는 유학생에게 한국어 공부를 도와줄 학생을 구하고 있습니다. 월요일과 수요일 하루에 두 시간씩 한국어 문법과 회화를 가르쳐 줄 학생이 필요합니다. 관심이 있는 학생은 학생회관 안내 센터로 문의하시기 바랍니다. 안내 센터는 오전 9시부터 오후 5시까지 문을 엽니다.

(チャイム音) 留学生学生会館からお知らせいたします。当学校で勉強している留学生に韓国語の勉強を手伝ってくれる学生を探しています。月曜日と水曜日，１日に２時間ずつ韓国語の文法と会話を教えられる学生が必要です。関心のある学生は学生会館の案内センターにお問い合わせください。案内センターは午前９時から午後５時まで開いています。

---

1. 남자가 왜 이 이야기를 하고 있는지 고르십시오.

男性がなぜこの話をしているのか選びなさい。

① 한국어를 가르칠 학생이 필요해서 　韓国語を教える学生が必要なので
② 학생회관이 바빠서 　学生会館が忙しくて
③ 안내 센터가 바빠서 　案内センターが忙しくて
④ 전화번호를 몰라서 　電話番号がわからなくて

---

2. 들은 내용과 같은 것을 고르십시오. 　聞いた内容と同じものを選びなさい。

① 주말에도 한국어를 가르칩니다. 　週末にも韓国語を教えます。
② 일주일에 두 번 가르치면 됩니다. 　週に２回教えればいいです。
③ 하루에 한 시간씩 가르칩니다. 　１日に１時間ずつ教えます。
④ 문법과 회화 그리고 가이드도 해야 합니다.
　文法と会話そしてガイドもしなければなりません。

📢 (딩동댕) 어학당에서 알려드립니다. 이번 학기 수료식 날에 유학생들의 발표회가 있을 예정입니다. 열심히 배운 한국어로 연극, 노래, 춤 등을 발표합니다. 수료식은 다음 주 토요일입니다. 오전 11시부터 어학당 교실 203호실에서 있겠습니다. 여러분의 박수가 한국 생활을 끝내고 고향으로 돌아가는 유학생들에게 큰 힘이 될 것입니다. 많은 성원 바랍니다.

(チャイム音) 語学堂からのお知らせです。今学期の修了式の日に留学生たちの発表会が開かれる予定です。一生懸命に学んだ韓国語で演劇、歌、踊りなどを発表します。修了式は来週の土曜日です。午前11時から語学堂の教室203号室で行います。皆さまの拍手が韓国生活を終えて故郷へ帰る留学生たちに大きな力となるでしょう。多くのご声援をお願いいたします。

1. 여자가 왜 이 이야기를 하고 있는지 고르십시오.

女性がなぜこの話をしているのか選びなさい。

① 한국어를 배우려고　　　　　　　　　　　　韓国語を習うために
② 고향으로 돌아가는 유학생들을 위해　　　故郷へ帰る留学生たちのために
③ 한국어 공부를 끝내려고　　　　　　　　　韓国語の勉強を終えようと
④ 유학생들의 발표회를 알리려고　　　　留学生たちの発表会を知らせるために

2. 들은 내용과 같은 것을 고르십시오.　　聞いた内容と同じものを選びなさい。

① 유학생들은 한국어 공부가 끝나기 전에 귀국합니다.

留学生たちは韓国語の勉強が終わる前に帰国します。

② 발표회 장소는 체육관입니다.　　　　　発表会の場所は体育館です。
③ 발표회는 이번 주 토요일에 있습니다. 発表会は今週の土曜日にあります。
④ 발표회는 수료식 날에 있습니다.　　　発表会は修了式の日にあります。

📻 (딩동댕) 승객 여러분, 오늘도 지하철 1호선을 이용해 주셔서 대단히 감사합니다. 이번 역은 시청역입니다. 내리실 문은 왼쪽입니다. 서울 시청과 덕수궁은 이번 역에서 가깝습니다. 을지로 방면과 서대문 방면으로 가실 분은 이번 역에서 내려 2호선으로 갈아타시기 바랍니다. 내리실 때는 우산이나 가방 등 잊지 마시기 바랍니다. 감사합니다.

（チャイム音）乗客の皆さま，本日も地下鉄1号線をご利用いただき誠にありがとうございます。次の駅は市庁駅です。降りるドアは左側です。ソウル市庁とトッスグン（徳寿宮）は次の駅から近いです。ウルチロ（乙支路）方面とソデモン（西大門）方面へ行かれる方はつぎの駅で降りて2号線にお乗り換えください。お降りの際は傘やカバンなどお忘れのないようお願いいたします。ありがとうございます。

1. 남자가 왜 이 이야기를 하고 있는지 고르십시오.

男性がなぜこの話をしているのか選びなさい。

① 갈아타는 역을 알려주기 위해　　乗り換える駅を知らせるために
② 승객의 안전을 위해　　　　　　　乗客の安全のために
③ 버스 이용 방법을 알려주려고　　バス利用方法を知らせるために
④ 지하철역 이름을 소개하려고　　地下鉄駅の名前を紹介しようと

2. 들은 내용과 같은 것을 고르십시오.　聞いた内容と同じものを選びなさい。

① 지금 타고 있는 지하철은 2호선입니다. 今乗っている地下鉄は2号線です。
② 시청에 가실 분은 이번 역이 편리합니다.

市庁へ行く方は次の駅が便利です。

③ 내릴 문은 오른쪽입니다.　　　　降りるドアは右側です。
④ 이번 역에서 3호선으로 갈아탈 수 있습니다.

次の駅で3号線に乗り換えられます。

여 (딩동댕) 사원 여러분께 안내 말씀드립니다. 다음 주 월요일부터 금요일까지 신입사원 연수 모임이 있습니다. 신입사원들은 반드시 참가해야 합니다. 월요일 오전 8시에 회사 정문 앞에서 회사 버스로 출발할 예정입니다. 연수 시간은 오전 9시부터 오후 5시까지입니다. 자유 시간도 있으니까 편안한 옷을 준비하시면 좋겠습니다. 각자 준비물은 홈페이지에서 확인하시기 바랍니다.

(チャイム音) 社員の皆さまにご案内いたします。来週の月曜日から金曜日まで新入社員の研修会があります。新入社員は必ず参加しなければなりません。月曜日の午前 8 時に会社の正門の前で会社のバスで出発する予定です。研修時間は午前 9 時から午後 5 時までです。自由時間もありますので楽な服装を準備するといいでしょう。各自必要なものはホームページでご確認ください。

1. 여자가 왜 이 이야기를 하고 있는지 고르십시오.

女性がなぜこの話をしているのか選びなさい。

① 연수 일정을 알리려고　　　　研修日程を案内しようと
② 자유 시간을 알리려고　　　　自由時間を知らせようと
③ 연수 내용을 이야기해 주려고　研修内容を話してあげようと
④ 편안한 옷에 대해 말해 주려고　楽な服装について話してあげようと

2. 들은 내용과 같은 것을 고르십시오.　聞いた内容と同じものを選びなさい。

① 자유 시간은 없습니다.　　　　　自由時間はありません。
② 연수는 이주일 동안 합니다.　　　研修は 2 週間やります。
③ 연수 장소까지 회사 버스로 갑니다.研修会場まで会社のバスで行きます。
④ 신입사원들은 참가 안 해도 됩니다.
新入社員たちは参加しなくてもいいです。

📻 (딩동댕) 오늘도 저희 항공을 이용해 주신 승객 여러분 대단히 감사합니다. 잠시 후 비행기가 출발하겠습니다. 모두 자리에 앉아 주시고 안전벨트를 다시 한번 확인해 주십시오. 지금부터 모든 전자기기의 전원을 꺼 주시고 비행기가 안전하게 출발한 후에 사용해 주시기 바랍니다. 저희는 오늘도 승객들의 안전 여행을 위해 최선을 다하겠습니다. 감사합니다.

(チャイム音) 本日も弊社の航空をご利用くださった乗客の皆さま，誠にありがとうございます。間もなく飛行機は出発いたします。皆さまご着席なさって安全ベルトをもう一度ご確認ください。これよりすべての電子機器の電源を切り飛行機が安全に出発した後にご使用いただけますようお願いいたします。私たちは本日も乗客の安全な旅行のために最善を尽くします。ありがとうございます。

1. 남자가 왜 이 이야기를 하고 있는지 고르십시오.

男性がなぜこの話をしているのか選びなさい。

① 비행기가 곧 출발하니까 안전을 위해서

飛行機が間もなく出発するから安全のために

② 목적지에 다 왔으니까　　目的地にほぼ着いたから
③ 항공 이용을 신청하려고　　航空利用を申し込もうと
④ 안전 벨트 사용을 설명하려고　　安全ベルトの使用を説明しようと

2. 들은 내용과 같은 것을 고르십시오.　聞いた内容と同じものを選びなさい。
① 전자기기는 도착할 때까지 사용할 수 없습니다.

電子機器は到着するまで使えません。

② 비행기는 곧 도착할 겁니다.　飛行機は間もなく到着します。
③ 전자기기의 전원은 끄지 않아도 됩니다.

電子機器の電源は切らなくてもいいです。

④ 승객들은 자리에 앉아 안전 벨트를 해야 합니다.

乗客は席に座って安全ベルトをしなければなりません。

出題パターン **9**

　パターン 8 と同じく男性と女性が①何について話をしているのか，②聞いた内容と同じものを選ぶ問題です。

---

 33 Pattern-9

　　　　　次を　聞いて　問に　　答えなさい
※ [27〜28] 다음을 듣고 물음에 답하십시오.

　　　2 人が　　何に　ついて　　話を　　して　いるのか　選びなさい
27. 두 사람이 무엇에 대해 이야기를 하고 있는지 고르십시오.

　　① 여행 내용

　　② 독서 방법

　　③ 휴가를 보내는 방법

　　④ 등산 계획

　　　聞いた　内容と　同じ　ものを　選びなさい
28. 들은 내용과 같은 것을 고르십시오.

　　① 여자는 휴가 동안 산에 갈 겁니다.

　　② 여자는 휴가 때 하고 싶은 일이 있습니다.

　　③ 남자는 집에만 있을 겁니다.

　　④ 여자는 여행을 갈 겁니다.

答えを導くためのアドバイス

　だいたい会話の中間か最後の部分に重要な内容があります。ここでも音声が流れる前に問 1 と問 2 の選択肢を素早く読んでおくのが重要です。内容はさらに少し長くなります。いろんなシチュエーションでの会話を作ってみましたので一回目のときに正解が選べられるようにたくさん練習しておきましょう。

　意味のわからない単語が聞こえてきても，そればかりにこだわらないで，全体の流れを逃さないようにしましょう。一回目に聞いてわからない単語は何回聞いてもわからないはずです。単語力と読みのスピード，つまり読みながら同時に意味がわかることで点数が決まると言っても過言ではないでしょう。たくさん問題に触れてみましょう。

🔵남 다음 주부터 휴가네요. 뭐 할 거예요?

来週からお休みですね。何をする予定ですか？

🔵여 휴가 때는 그동안 하지 못한 일들을 하고 싶어요.

休暇中は今までできなかったことをやりたいです。

🔵남 네 맞아요. 저도 등산도 하고 책도 좀 읽을 거예요.

ええ、そうですね。僕も登山もして本も読むつもりです。

🔵여 여행은 어렵겠지만 오래간만에 부모님과 영화도 보고 식사도 하고 싶네요.

旅行は無理でしょうけど、久しぶりに両親と映画も見たり食事もしたいです。

---

27. 두 사람이 무엇에 대해 이야기를 하고 있는지 고르십시오.

2人が何について話しているのか選びなさい。

① 여행 내용　　　　　　　　　　　　　　旅行の内容
② 독서 방법　　　　　　　　　　　　　　読書の方法
③ 휴가를 보내는 방법　　　　　　　　休暇を過ごす方法
④ 등산 계획　　　　　　　　　　　　　　登山の計画

---

28. 들은 내용과 같은 것을 고르십시오.　聞いた内容と同じものを選びなさい。

① 여자는 휴가 동안 산에 갈 겁니다.　女性は休暇中、山に行きます。
② 여자는 휴가 때 하고 싶은 일이 있습니다.

女性は休暇中、やりたいことがあります。

③ 남자는 집에만 있을 겁니다.　男性は家にばかりいるつもりです。
④ 여자는 여행을 갈 겁니다.　女性は旅行に行きます。

◆ 終結表現リスト

～ます, ～です《丁寧な説明》	-ㅂ니다/습니다.
～ますか?, ～ですか?《丁寧な疑問》	-ㅂ니까?/습니까?
～ますよ, ～ですよ《説明》	-아/어요
～ますか?, ～ですか?《疑問》	-아/어요?
～だ《説明》	-이다
～ではない《否定》	-이/가 아니다
～ましょうか?, ～でしょうか?《提案, 推測疑問》	-(으)ㄹ까요?
～ましょう《勧誘》	-(으)ㅂ시다
～ですか?, ～でしょう?《確認》	-(이)지요?
～でしょう?, ～ますよ, ～ですよ《確認, 提案, 説明》	-지요
～ますよ《意志》	-(으)래요
～てください《丁寧な命令, 依頼》	-(으)십시오
～てください《命令, 依頼》	-(으)세요
～ますよ《約束, 意思表明》	-(으)ㄹ게요
～たい《希望》	-고 싶다
～ている《進行》	-고 있다
～ない《否定》	-지 않다
～できない, ～ない《否定》	-지 못하다
～ないでください《禁止命令》	-지 마십시오/-지 마세요
～ないようにしましょう《禁止呼びかけ》	-지 맙시다
～のをやめる, ～ない《禁止》	-지 말다
～でしょう, ～つもりです《意志, 推測》	-(으)ㄹ 것이다/거예요
～するらしい, ～したらしい, ～しそうだ《推測》	-는/(으)ㄴ/(으)ㄹ 것 같다

～に行く，～に来る《目的》	-(으)러 가다/오다
～ようと思う《意図》	-(으)려고 하다
～すればいい，～てはいけない《条件充足，禁止》	-(으)면 되다/ 안 되다
～すればいい《願望》	-(으)면 좋겠다
～するほうがいい《注意，助言》	-는 게 좋겠다
～したら／～してたらいい《願望》	-았/었으면 좋겠다
～ことができる，～できない《可能 / 不可能》	-(으)ㄹ 수 있다/없다
～したことがある，～ない《有経験 / 無経験》	-(으)ㄴ 적이 있다/없다
～なければならない《当然，義務》	-아/어/여야 하다/되다
～てもいい《許可，許容》	-아/어/여도 되다
～てみる《試み》	-아/어/여 보다
～てやる，～てくれる，～てあげる《奉仕》	-아/어/여 주다
～ことにする《決定》	-기로 하다
～するようになる，～くなる《変化，状況》	-게 되다
～ますので，～ですので《理由，原因》	-아/어서요
～ますから，～ですから《理由，原因》	-(으)니까요
～ますね，～ですね《感嘆》	-군요/는군요
～ますね，～ですね，～でしょうね《感嘆，質問》	-네요

1

1. 두 사람이 무엇에 대해 이야기를 하고 있는지 고르십시오.
① 커피의 맛
② 카페에서의 주문
③ 커피의 종류
④ 커피 사이즈

2. 들은 내용과 같은 것을 고르십시오.
① 남자는 밀크와 설탕이 필요합니다.
② 남자는 커피를 안 마십니다.
③ 여자는 커피를 블랙으로 마십니다.
④ 남자는 커피의 향을 즐깁니다.

2

1. 두 사람이 무엇에 대해 이야기를 하고 있는지 고르십시오.
① 여행 날짜
② 비행기 티켓 예약
③ 표를 사는 장소
④ 휴가 기간

2. 들은 내용과 같은 것을 고르십시오.
① 일요일 티켓은 오전만 가능합니다.
② 일요일 티켓은 오후만 가능합니다.
③ 남자는 세 장 예약합니다.
④ 지불은 현금으로 합니다.

3

1. 두 사람이 무엇에 대해 이야기를 하고 있는지 고르십시오.

① 퇴근 후의 식사

② 요리 선생님

③ 요리에 대한 생각

④ 김치의 맛

2. 들은 내용과 같은 것을 고르십시오.

① 남자는 최근에 요리를 배우러 다닙니다.

② 요리를 안 하는 부부가 많아서 걱정입니다.

③ 김치는 집집마다 맛이 똑같습니다.

④ 남자는 요리를 하기 싫어합니다.

4

1. 두 사람이 무엇에 대해 이야기를 하고 있는지 고르십시오.

① 출근이 늦는 이유에 대해

② 과장님에 대해

③ 병원에 대해

④ 회사에 대해

2. 들은 내용과 같은 것을 고르십시오.

① 여자는 서류 준비를 끝냈습니다.

② 과장님은 지금 자리에 없습니다.

③ 여자는 제시간에 출근을 했습니다.

④ 과장님은 다른 전화를 받고 있습니다.

1. 두 사람이 무엇에 대해 이야기를 하고 있는지 고르십시오.

① 날씨에 대해

② 치마 가격에 대해서

③ 영수증에 대해

④ 환불에 대해서

2. 들은 내용과 같은 것을 고르십시오.

① 환불은 절대 안 됩니다.

② 환불은 언제나 가능합니다.

③ 환불 때에 영수증은 필요 없습니다.

④ 일주일이 지나면 환불이 되지 않습니다.

1. 두 사람이 무엇에 대해 이야기를 하고 있는지 고르십시오.

① 아르바이트에 대해서

② 돈을 모으는 방법에 대해서

③ 약속에 대해서

④ 아르바이트 회사에 대해서

2. 들은 내용과 같은 것을 고르십시오.

① 여자는 아르바이트 할 시간이 없습니다.

② 남자는 집에서 아르바이트를 하고 있습니다.

③ 여자도 아르바이트를 하고 있습니다.

④ 여자가 남자에게 아르바이트를 소개합니다.

7

1. 두 사람이 무엇에 대해 이야기를 하고 있는지 고르십시오.

① 사진 속의 머리 모양

② 머리카락 기부

③ 머리를 감는 이유

④ 긴 머리가 싫어진 이유

2. 들은 내용과 같은 것을 고르십시오.

① 텔레비전 방송은 효과가 없습니다.

② 머리카락 기부는 다른 사람에게 도움이 안 됩니다.

③ 머리를 깎기 전에 먼저 감습니다.

④ 여자는 머리를 기부할 생각이 없습니다.

8

1. 두 사람이 무엇에 대해 이야기를 하고 있는지 고르십시오.

① 운동하는 시간

② 인기 있는 운동

③ 주말 연휴 보내기

④ 걷기 운동

2. 들은 내용과 같은 것을 고르십시오.

① 두 사람은 평일에 같이 걷습니다.

② 남자는 운동을 했다 안 했다 합니다.

③ 남자는 걷기 운동을 꾸준히 합니다.

④ 여자는 한 가지 다이어트만 했습니다.

1. 두 사람이 무엇에 대해 이야기를 하고 있는지 고르십시오.

① 한국 음식

② 한국 문화

③ 한국어 공부

④ 한국 생활

2. 들은 내용과 같은 것을 고르십시오.

① 남자는 한국 친구가 없습니다.

② 남자는 여자에게 한국 친구를 소개할 겁니다.

③ 남자는 한국에 이 년 전에 왔습니다.

④ 남자는 주말에 혼자 다니면서 공부합니다.

1. 두 사람이 무엇에 대해 이야기를 하고 있는지 고르십시오.

① 외국어 공부

② 외국 생활

③ 외국 친구

④ 대학 졸업

2. 들은 내용과 같은 것을 고르십시오.

① 여자는 중국 사람입니다.

② 여자는 자신의 중국어에 자신이 있습니다.

③ 여자는 중국에 가서 처음 중국어를 배웠습니다.

④ 남자는 앞으로 여자의 발음을 도와줄 겁니다.

11

1. 두 사람이 무엇에 대해 이야기를 하고 있는지 고르십시오.

① 취미 생활
② 등산 계획
③ 영화 내용
④ 소개한 친구

2. 들은 내용과 같은 것을 고르십시오.

① 남자가 여자에게 친구를 소개했습니다.
② 남자와 여자는 같은 날 태어났습니다.
③ 남자는 앞으로 계속 데이트를 할 계획입니다.
④ 남자는 여자의 친구가 마음에 들지 않습니다.

12

1. 두 사람이 무엇에 대해 이야기를 하고 있는지 고르십시오.

① 면접을 보는 태도
② 스피치 대회
③ 회사의 장점
④ 시험 내용

2. 들은 내용과 같은 것을 고르십시오.

① 이 면접이 남자의 마지막 면접입니다.
② 남자는 남은 면접을 위해 연습을 할 것입니다.
③ 자신의 생각을 길게 이야기하는 것이 좋습니다.
④ 남자는 면접 때 전혀 긴장을 하지 않았습니다.

1. 두 사람이 무엇에 대해 이야기를 하고 있는지 고르십시오.

① 번호표

② 이름

③ 바지 길이 고치기

④ 치마 길이 고치기

2. 들은 내용과 같은 것을 고르십시오.

① 이 가게는 옷을 고쳐 줍니다.

② 오늘은 기다리지 않아도 됩니다.

③ 삼십 분 기다리면 옷을 찾을 수 있습니다.

④ 이 가게는 지금 손님이 아주 많습니다.

1. 두 사람이 무엇에 대해 이야기를 하고 있는지 고르십시오.

① 방안의 공기

② 감기 예방

③ 규칙적인 생활

④ 과일을 먹는 방법

2. 들은 내용과 같은 것을 고르십시오.

① 두꺼운 옷은 감기 예방에 좋습니다.

② 방안의 환기도 중요합니다.

③ 규칙적인 생활은 중요하지 않습니다.

④ 채소나 과일은 안 먹어도 됩니다.

15

1. 두 사람이 무엇에 대해 이야기를 하고 있는지 고르십시오.
  ① 귀국에 대해서
  ② 재미있는 놀이에 대해서
  ③ 한국 음식에 대해서
  ④ 민속촌에 대해서

2. 들은 내용과 같은 것을 고르십시오.
  ① 민속촌에서는 옛날 집을 볼 수 있습니다.
  ② 귀국 전에는 꼭 가 봐야 하는 곳입니다.
  ③ 민속촌에서 옛날 생활은 이제 볼 수 없습니다.
  ④ 남자는 민속촌에 가 본 적이 있습니다.

16

1. 두 사람이 무엇에 대해 이야기를 하고 있는지 고르십시오.
  ① 은행 통장 만들기
  ② 번호표
  ③ 여권
  ④ 신분증

2. 들은 내용과 같은 것을 고르십시오.
  ① 남자는 통장을 만든 적이 있습니다.
  ② 학생증이 없어도 통장을 만들 수 있습니다.
  ③ 남자는 외국인 학생입니다.
  ④ 통장을 만든 후 신청서를 써야 합니다.

1. 두 사람이 무엇에 대해 이야기를 하고 있는지 고르십시오.

① 가족에 대해서

② 아들에 대해서

③ 시골 생활에 대해서

④ 서울 생활에 대해서

2. 들은 내용과 같은 것을 고르십시오.

① 남자는 부모와 같이 삽니다.

② 여자는 남자 형제가 있습니다.

③ 남자는 막내입니다.

④ 남자는 서울에서 삽니다.

1. 두 사람이 무엇에 대해 이야기를 하고 있는지 고르십시오.

① 여러 가지 직업

② 어렸을 때의 꿈

③ 사랑 이야기

④ 운동 선수

2. 들은 내용과 같은 것을 고르십시오.

① 남자는 슬픈 사랑 이야기를 좋아합니다.

② 남자는 부자가 되는 게 꿈이었습니다.

③ 남자의 꿈은 이루어졌습니다.

④ 남자는 배우가 되고 싶었습니다.

19

1. 두 사람이 무엇에 대해 이야기를 하고 있는지 고르십시오.

① 컴퓨터에 대해서

② 눈의 피로를 푸는 방법에 대해서

③ 먼 곳의 경치에 대해서

④ 자세에 대해서

2. 들은 내용과 같은 것을 고르십시오.

① 여자는 남자가 가르쳐 준 대로 하지 않을 겁니다.

② 남자는 눈이 피로한 적이 없습니다.

③ 남자는 눈이 피로할 때 먼 곳을 봅니다.

④ 똑같은 자세는 눈에 좋습니다.

1

여 커피에 밀크랑 설탕을 안 넣으세요?

コーヒーにクリームと砂糖を入れないんですか？

남 네, 저는 블랙으로 마셔요.

はい，僕はブラックで飲みます。

여 저는 블랙은 써서 잘 못 마셔요.

私はブラックは苦くて苦手です。

남 저도 처음에는 그랬는데 이제는 커피 자체만의 향기를 느끼면서 즐겨요.

僕も最初はそうでしたが，今はコーヒーの香りを感じながら楽しんでいます。

여 그럼 저도 오늘은 블랙으로 한번 마셔볼래요.

では私も今日はブラックで一度飲んでみます。

남 무리하지는 마세요.

無理しないでください。

1. 두 사람이 무엇에 대해 이야기를 하고 있는지 고르십시오.

2人が何について話しているのか選びなさい。

① 커피의 맛　　　　　　　　　　　　　　　　コーヒーの味
② 카페에서의 주문　　　　　　　　　　　　　カフェでの注文
③ 커피의 종류　　　　　　　　　　　　　　　コーヒーの種類
④ 커피 사이즈　　　　　　　　　　　　　　　コーヒーのサイズ

2. 들은 내용과 같은 것을 고르십시오.　　聞いた内容と同じものを選びなさい。

① 남자는 밀크와 설탕이 필요합니다.　男性はクリームと砂糖が必要です。
② 남자는 커피를 안 마십니다.　　　　　男性はコーヒーを飲みません。
③ 여자는 커피를 블랙으로 마십니다. 女性はコーヒーをブラックで飲みます。
④ 남자는 커피의 향을 즐깁니다.　　男性はコーヒーの香りを楽しんでいます。

2

(따르릉)　　　　　　　　　　　　　　　　　　　　　　　　（電話の音）

여 안녕하십니까? 서울 여행사입니다.　　　　こんにちは。ソウル旅行会社です。

남 이번 주 토요일에 제주도 가는 비행기표를 예약하고 싶은데요.
　　　　　　　　今週の土曜日に済州道行きの航空券を予約したいのですが。

여 죄송합니다. 이번 주 토요일은 자리가 하나도 없습니다.
　　　　　　　　すみません。今週の土曜日は席がひとつもありません。

　　일요일은 오전 오후 다 있습니다.　　　日曜日なら午前・午後すべてあります。

남 그래요? 그럼 일요일 오전 걸로 예약해 주세요.
　　　　　　　　そうですか？　では日曜日の午前で予約してください。

여 네, 알겠습니다. 한 분이십니까?　　　はい，かしこまりました。おひとりですか？

남 아니에요. 세 사람입니다. 지불은 카드로 부탁 드립니다.
　　　　　　　　いいえ，3人です。支払いはカードでお願いします。

---

1. 두 사람이 무엇에 대해 이야기를 하고 있는지 고르십시오.
　　　　　　　　　　　　2人が何について話しているのか選びなさい。

　　① 여행 날짜　　　　　　　　　　　　　　旅行の日にち
　　② 비행기 티켓 예약　　　　　　　　　　　**航空券の予約**
　　③ 표를 사는 장소　　　　　　　　　　　チケットを買う場所
　　④ 휴가 기간　　　　　　　　　　　　　　休暇期間

---

2. 들은 내용과 같은 것을 고르십시오.　　聞いた内容と同じものを選びなさい。
　　① 일요일 티켓은 오전만 가능합니다. 日曜のチケットは午前のみ可能です。
　　② 일요일 티켓은 오후만 가능합니다. 日曜のチケットは午後のみ可能です。
　　③ 남자는 세 장 예약합니다.　　　　　**男性は3枚予約します。**
　　④ 지불은 현금으로 합니다.　　　　　支払いは現金でします。

3

여 퇴근 후에 같이 식사할래요? 退勤後に一緒に食事しましょうか？

남 미안해요. 오늘은 요리를 배우러 가야 해요.
ごめんなさい。今日は料理を習いに行かなければならないんです。

여 《놀라면서》 준서 씨가 요리를 배워요? 《驚きながら》ジュンソさんが料理を習うのですか？

남 네, 재미있어요. 요즘은 남자도 요리를 할 줄 알아야 해요.
はい，面白いです。最近は男性も料理ができないといけません。

그런데 같은 재료를 사용하는데도 요리 선생님마다 맛이 다 달라요.
ところで同じ材料を使うのに料理の先生によって味が違うんですよね。

여 맞아요. 김치가 집집마다 맛이 다 다른 거와 같지요.
そうですね。キムチが家ごとに味が全部違うのと同じですね。

남 언젠가 민정 씨를 위해 맛있는 요리를 만들어 드릴게요.
いつかミンジョンさんのためにおいしい料理を作ってあげますからね。

---

1. 두 사람이 무엇에 대해 이야기를 하고 있는지 고르십시오.
2人が何について話しているのか選びなさい。

① 퇴근 후의 식사 退勤後の食事
② 요리 선생님 料理の先生
③ 요리에 대한 생각 **料理に対する考え**
④ 김치의 맛 キムチの味

---

2. 들은 내용과 같은 것을 고르십시오. 聞いた内容と同じものを選びなさい。
① 남자는 최근에 요리를 배우러 다닙니다.
男性は最近料理を習いに通っています。
② 요리를 안 하는 부부가 많아서 걱정입니다.
料理をしない夫婦が多くて心配です。
③ 김치는 집집마다 맛이 똑같습니다. キムチは家ごとに味が同じです。
④ 남자는 요리를 하기 싫어합니다. 男性は料理するのが嫌いです。

4

(따르릉) (電話の音)

여 연우 씨예요? 과장님 좀 바꿔 주세요.

ヨヌさんですか？　課長に代わってください。

남 과장님은 지금 통화 중이신데……, 무슨 일이세요?

課長は今電話中ですが…，何のご用ですか？

여 제가 아침부터 몸이 좀 안 좋아서 병원에 들렀다가 출근해야 할 것 같아요.

私は朝から具合が悪いので病院に寄ってから出勤になりそうです。

남 네, 알겠어요. 그렇게 전해 드릴게요.

はい，わかりました。そのように伝えておきますね。

여 요즘 할 일이 많은데 정말 죄송합니다.

この頃やることが多いのに本当に申し訳ございません。

출근하면 과장님이 부탁하신 서류를 바로 정리할게요.

出勤したら課長が頼んだ書類をすぐに整理しますね。

남 네, 조심해서 다녀오세요. はい，気を付けていってらっしゃい。

1. 두 사람이 무엇에 대해 이야기를 하고 있는지 고르십시오.

2人が何について話しているのか選びなさい。

① 출근이 늦는 이유에 대해 出勤が遅くなる理由について
② 과장님에 대해 課長について
③ 병원에 대해 病院について
④ 회사에 대해 会社について

2. 들은 내용과 같은 것을 고르십시오. 聞いた内容と同じものを選びなさい。

① 여자는 서류 준비를 끝냈습니다. 女性は書類の準備を終えました。
② 과장님은 지금 자리에 없습니다. 課長は今，席にいません。
③ 여자는 제시간에 출근을 했습니다. 女性は定時に出勤しました。
④ 과장님은 다른 전화를 받고 있습니다. 課長はほかの電話に出ています。

(따르릉)　　　　　　　　　　　　　　　　　　　　　　　　　　　(電話の音)

🈀 여보세요? 그제 산 치마를 환불하고 싶은데 가능해요?

　　　　もしもし？　一昨日買ったスカートを払い戻したいのですが，可能ですか？

🈂 네, 가능합니다.　　　　　　　　　　　　　　　　　　　はい，可能です。

🈀 어떻게 하면 돼요?　　　　　　　　　　　　　　　　どうすればいいですか？

🈂 환불을 원하실 때는 영수증이 꼭 필요합니다.

　　　　　　　　　　　払い戻しをご希望の際は必ず領収書が必要です。

영수증을 가지고 일주일 내로 오시면 됩니다.

　　　　　　　　　領収書を持って１週間以内にお越しになればよろしいですよ。

🈀 알겠습니다. 고맙습니다.　　　　　　わかりました。ありがとうございます。

🈂 일주일이 지나면 환불이 되지 않으니까 주의하시기 바랍니다.

　　　　　　　　１週間が過ぎると払い戻しできませんのでお気を付けください。

---

1. 두 사람이 무엇에 대해 이야기를 하고 있는지 고르십시오.

　　　　　　　　　　　　　　　　２人が何について話しているのか選びなさい。

　　① 날씨에 대해　　　　　　　　　　　　　　天気について

　　② 치마 가격에 대해서　　　　　　　　スカートの値段について

　　③ 영수증에 대해　　　　　　　　　　　　領収書について

　　④ 환불에 대해서　　　　　　　　　　　　**払い戻しについて**

---

2. 들은 내용과 같은 것을 고르십시오.　　聞いた内容と同じものを選びなさい。

　　① 환불은 절대 안 됩니다.　　　　　　払い戻しは絶対できません。

　　② 환불은 언제나 가능합니다.　　　払い戻しはいつでも可能です。

　　③ 환불 때에 영수증은 필요 없습니다.払い戻しの時に領収書は必要ありません。

　　④ 일주일이 지나면 환불이 되지 않습니다.

　　　　　　　　　　　１週間が過ぎると払い戻しできません。

6

여 지금 무슨 아르바이트를 하세요? 　　　　今どんなバイトをしていますか？

남 번역 아르바이트예요. 　　　　　　　　　　翻訳のバイトです。

여 집에서 할 수 있어서 좋겠어요. 　　　　家でできるからいいですね。

남 네, 약속 날짜만 지키면 되니까 시간을 자유롭게 쓸 수 있어서 좋아요.
　　　　はい，約束の日にちだけ守ればいいので，時間を自由に使えるからいいですよ。

여 저도 아르바이트 자리를 찾고 있는데…….私もバイトを探しているんですが…。

남 그래요? 은영 씨가 괜찮으면 제가 하고 있는 회사를 소개해 드릴게요.
　　そうなんですか？　ウニョンさんが大丈夫なら私がやっている会社を紹介して差し上げますよ。

---

1. 두 사람이 무엇에 대해 이야기를 하고 있는지 고르십시오.
　　　　　　　　　　　　　　　2人が何について話しているのか選びなさい。

① 아르바이트에 대해서 　　　　　　　　　バイトについて
② 돈을 모으는 방법에 대해서 　　　　金を貯める方法について
③ 약속에 대해서 　　　　　　　　　　　約束について
④ 아르바이트 회사에 대해서 　　　　バイト会社について

---

2. 들은 내용과 같은 것을 고르십시오. 　　　聞いた内容と同じものを選びなさい。

① 여자는 아르바이트 할 시간이 없습니다.
　　　　　　　　　　　　　女性はバイトする時間がありません。

② 남자는 집에서 아르바이트를 하고 있습니다.
　　　　　　　　　　　　男性は家でバイトをしています。

③ 여자도 아르바이트를 하고 있습니다. 　　女性もバイトをしています。

④ 여자가 남자에게 아르바이트를 소개합니다.
　　　　　　　　　　　　女性が男性にバイトを紹介します。

🔵여 여기 사진처럼 짧게 자르고 싶은데요. 자른 머리는 기부할 생각이에요.

こちらの写真のように短く切りたいです。切った髪は寄付するつもりです。

🔵남 네, 알겠습니다.

はい、かしこまりました。

🔵여 제 머리가 도움이 된다고 생각하니까 기분이 좋아요.

私の髪が少しでも役に立つと思うと気分がいいです。

🔵남 참 좋은 일이죠. 요즘 머리카락 기부에 관심 있는 사람이 많은 것 같아요.

とてもいいことですよ。この頃、髪の毛の寄付に関心のある人が多いようです。

🔵여 아마 지난 번 텔레비전 방송이 효과가 있는 것 같아요.

おそらくこの前のテレビ放送の効果があるようですね。

🔵남 자 그럼 먼저 머리부터 감읍시다. 이쪽으로 오세요.

ではまず髪を洗いましょう。こちらへどうぞ。

---

1. 두 사람이 무엇에 대해 이야기를 하고 있는지 고르십시오.

2人が何について話しているのか選びなさい。

① 사진 속의 머리 모양　　　　　　　　　写真の中の髪型

②머리카락 기부　　　　　　　　　　　　**髪の毛の寄付**

③ 머리를 감는 이유　　　　　　　　　　髪を洗う理由

④ 긴 머리가 싫어진 이유　　　　　　　長い髪が嫌になった理由

---

2. 들은 내용과 같은 것을 고르십시오.　聞いた内容と同じものを選びなさい。

① 텔레비전 방송은 효과가 없습니다.　テレビ放送は効果がありません。

② 머리카락 기부는 다른 사람에게 도움이 안 됩니다.

髪の毛の寄付は他人の役に立ちません。

③머리를 깎기 전에 먼저 감습니다.　　**髪を切る前にまず洗います。**

④ 여자는 머리를 기부할 생각이 없습니다.

女性は髪を寄付するつもりがありません。

🔲 요즘 무슨 운동하세요? 건강해진 것 같아요.

この頃どんな運動をしていますか？　健康になったようですね。

🔲 특별한 운동은 안 해요. 주로 계단을 이용하고 회사에 갈 때도 한 정거장 전에 내려서 걸어서 다녀요.

特別な運動はしません。主に階段を利用し，会社に行くときも一駅前で降りて歩いて通います。

🔲 저는 여러 가지 다이어트를 해 봤는데 별로 효과가 없는 것 같아요.

私はいろいろなダイエットを試してみましたがあまり効果がないようです。

🔲 뭐든지 꾸준히 하는 게 중요한 것 같아요.

何でも絶えずするのが重要だと思います。

🔲 저도 내일부터 영수 씨처럼 걷기 운동을 시작해야겠어요.

私も明日からヨンスさんのようにウォーキングを始めます。

🔲 그럼 주말에 우리 같이 공원을 걸읍시다.

では週末に私たち一緒に公園を歩きましょう。

---

1. 두 사람이 무엇에 대해 이야기를 하고 있는지 고르십시오.

2人が何について話しているのか選びなさい。

① 운동하는 시간　　　　　　　　　　　　　運動する時間
② 인기 있는 운동　　　　　　　　　　　　　人気のある運動
③ 주말 연휴 보내기　　　　　　　　　　　週末連休の過ごし方
④ 걷기 운동　　　　　　　　　　　　　　ウォーキング

---

2. 들은 내용과 같은 것을 고르십시오.　　聞いた内容と同じものを選びなさい。

① 두 사람은 평일에 같이 걷습니다.　　2人は平日に一緒に歩きます。
② 남자는 운동을 했다 안 했다 합니다.

男性は運動をしたりしなかったりします。

③ 남자는 걷기 운동을 꾸준히 합니다.

男性はウォーキングを絶えずやっています。

④ 여자는 한 가지 다이어트만 했습니다.

女性は一種類のダイエットのみしました。

여 한국에는 언제 왔어요? 韓国にはいつ来ましたか？

남 1년 전에 왔어요. 1年前に来ました。

여 한국말을 진짜 잘 하시네요. 어떻게 공부했어요?
韓国語が本当にお上手ですね。どのように勉強しましたか？

남 저는 주로 CD를 듣거나 드라마를 보면서 공부했어요.
私は主にCDを聞いたりドラマを見ながら勉強しました。

주말에는 한국 친구들과 같이 다니니까 정말 많은 것을 배울 수 있어요.
週末には韓国の友達と一緒に歩き回るから本当に多くのものを学べます。

여 좋겠네요. 저한테도 한국 친구 좀 소개해 줄 수 있어요?
いいですね。私にも韓国の友達を紹介してくれますか？

남 그럼요, 나중에 다시 연락할게요. もちろんですよ。後でまた連絡します。

---

1. 두 사람이 무엇에 대해 이야기를 하고 있는지 고르십시오.
2人が何について話しているのか選びなさい。

① 한국 음식 韓国の食べ物
② 한국 문화 韓国の文化
③ 한국어 공부 **韓国語の勉強**
④ 한국 생활 韓国の生活

---

2. 들은 내용과 같은 것을 고르십시오. 聞いた内容と同じものを選びなさい。

① 남자는 한국 친구가 없습니다. 男性は韓国人の友達がいません。
② 남자는 여자에게 한국 친구를 소개할 겁니다.
男性は女性に韓国人の友達を紹介します。
③ 남자는 한국에 이 년 전에 왔습니다. 男性は韓国に2年前に来ました。
④ 남자는 주말에 혼자 다니면서 공부합니다.
男性は週末にひとりで歩き回りながら勉強します。

남 영어도 잘하시는 것 같던데 중국어는 얼마나 배웠어요?

英語もお上手のようですが，中国語はどのくらい習いましたか？

여 대학 때 4년 배웠고, 졸업 후에 중국에 가서 1년쯤 배웠어요.

大学のとき４年間習い，卒業後中国に行って１年くらい習いました。

남 그래요? 아주 잘하시는데요.　　　　　そうなんですか？　とてもお上手ですね。

여 아니에요, 중국 사람처럼 하려면 아직 멀었어요.

いいえ，中国人のようになるにはまだまだです。

특히 발음이 힘들어요. 좀 가르쳐 주세요.

特に発音が大変です。ちょっと教えてください。

남 네, 그러죠. 외국어 발음은 따라하면서 계속 연습하면 좋아져요.

はい，いいですよ。外国語の発音は真似しながら絶えず練習すればよくなります。

여 잘 부탁드려요.　　　　　　　　　　よろしくお願いいたします。

---

1. 두 사람이 무엇에 대해 이야기를 하고 있는지 고르십시오.

２人が何について話しているのか選びなさい。

① 외국어 공부　　　　　　　　　　　　外国語の勉強
② 외국 생활　　　　　　　　　　　　　外国の生活
③ 외국 친구　　　　　　　　　　　　　外国の友達
④ 대학 졸업　　　　　　　　　　　　　大学卒業

---

2. 들은 내용과 같은 것을 고르십시오.　聞いた内容と同じものを選びなさい。

① 여자는 중국 사람입니다.　　　　　　女性は中国人です。
② 여자는 자신의 중국어에 자신이 있습니다.

女性は自分の中国語に自信があります。

③ 여자는 중국에 가서 처음 중국어를 배웠습니다.

女性は中国に行って初めて中国語を習いました。

④ 남자는 앞으로 여자의 발음을 도와줄 겁니다.

男性はこれから女性の発音を手伝います。

여 제가 소개 시켜 준 친구와 첫 데이트 어땠어요?

私が紹介してあげた友達との初デートはいかがでしたか。

남 네, 좋았어요. 무엇보다도 서로 취미가 같았어요.

はい、よかったです。何よりもお互いの趣味が同じでした。

그리고 생일이 똑같은 사람을 처음 만나서 정말 놀랐어요.

それと誕生日が同じだった人と初めて会ったので本当にびっくりしました。

여 앞으로 계속 만날 생각이세요?　これからも引き続き会うつもりですか？

남 네, 앞으로 같이 영화도 보고 등산도 할 계획이에요.

はい、これから一緒に映画も見たり登山もする予定です。

소개해 줘서 고마워요.　　　　紹介してくれてありがとうございます。

---

1. 두 사람이 무엇에 대해 이야기를 하고 있는지 고르십시오.

2人が何について話しているのか選びなさい。

① 취미 생활　　　　　　　　　　　　　　趣味の生活
② 등산 계획　　　　　　　　　　　　　　登山の計画
③ 영화 내용　　　　　　　　　　　　　　映画の内容
④ 소개한 친구　　　　　　　　　　　　　紹介した友達

---

2. 들은 내용과 같은 것을 고르십시오.　聞いた内容と同じものを選びなさい。

① 남자가 여자에게 친구를 소개했습니다.

男性が女性に友達を紹介しました。

② 남자와 여자는 같은 날 태어났습니다.

男性と女性は同じ日に生まれました。

③ 남자는 앞으로 계속 데이트를 할 계획입니다.

男性はこれから引き続きデートをする予定です。

④ 남자는 여자의 친구가 마음에 들지 않습니다.

男性は女性の友達が気に入りません。

여 면접 시험은 어땠어요? 面接試験はどうでしたか。

남 첫 면접이라서 긴장을 너무 많이 했어요. 初面接なのでずいんぶん緊張しすぎました。

여 아직 다른 회사 면접도 있지요? まだ別の会社の面接もあるのでしょう？

남 네, 있어요. 다음 면접을 위해서 연습을 좀 해야겠어요.
はい，あります。次の面接のために練習をしないといけません。

여 그럼 제가 몇 가지 질문을 할게요. 제 앞에서 말하기 연습을 해 보세요.
では私がいくつか質問をします。私の前で話す練習をしてみてください。

질문에 필요 없이 길게 대답하는 것은 좋지 않아요.
質問に必要以上に長く答えるのはよくありません。

자신 있게 큰 소리로 짧게 대답하세요. 自信をもって大きな声で短く答えてください。

남 고마워요. ありがとうございます。

---

1. 두 사람이 무엇에 대해 이야기를 하고 있는지 고르십시오.
2人が何について話しているのか選びなさい。

① 면접을 보는 태도 **面接をする態度**
② 스피치 대회 スピーチ大会
③ 회사의 장점 会社の長所
④ 시험 내용 試験の内容

---

2. 들은 내용과 같은 것을 고르십시오. 聞いた内容と同じものを選びなさい。

① 이 면접이 남자의 마지막 면접입니다. この面接が男性の最後の面接です。
② 남자는 남은 면접을 위해 연습을 할 것입니다.
男性は残った面接のために練習をします。
③ 자신의 생각을 길게 이야기하는 것이 좋습니다.
自身の考えを長く話すのがいいです。
④ 남자는 면접 때 전혀 긴장을 하지 않았습니다.
男性は面接のとき全然緊張をしませんでした。

여 이 바지의 길이를 줄이고 싶은데 여기서 가능해요?

このパンツの裾上げをしたいのですが，ここで可能ですか？

남 네, 가능하지만 좀 기다리셔야 합니다.

はい，可能ですが少々お待ちいただかないとなりません

여 많이 기다려야 해요?　　　　　　　　ずいぶん待たないといけませんか。

남 아니요, 지금은 고객이 많지 않으니까 20분 정도면 되겠습니다.

いえ，今は顧客が多くないので20分くらいになります。

여 그럼 부탁할게요.　　　　　　　　　　　ではお願いします。

남 여기에 이름을 적으시고 이 번호표를 갖고 기다려 주세요.

ここにお名前を書き，この番号札を持ってお待ちください。

---

1. 두 사람이 무엇에 대해 이야기를 하고 있는지 고르십시오.

2人が何について話しているのか選びなさい。

① 번호표　　　　　　　　　　　　　　　　　　　　番号札
② 이름　　　　　　　　　　　　　　　　　　　　　名前
③ 바지 길이 고치기　　　　　　　　　　　　　パンツの裾上げ
④ 치마 길이 고치기　　　　　　　　　　　　スカートの丈詰め

---

2. 들은 내용과 같은 것을 고르십시오.　　聞いた内容と同じものを選びなさい。

① 이 가게는 옷을 고쳐 줍니다.　　　　この店は服を直してくれます。
② 오늘은 기다리지 않아도 됩니다.　　今日は待たなくてもいいです。
③ 삼십 분 기다리면 옷을 찾을 수 있습니다.30分待てば服を引き取れます。
④ 이 가게는 지금 손님이 아주 많습니다.

この店は今，お客がとても多いです。

여 감기에 걸려서 학교에 못 온 학생이 참 많네요.

風邪を引いて学校に来られなかった学生が本当に多いですね。

남 네, 요즘 감기가 유행인 것 같아요. はい, この頃風邪が流行っているようです。

여 감기에 걸리지 않기 위해서는 우선 잠을 충분히 자고, 가끔 창문을
열어 방안의 공기를 바꾸는 것도 좋겠지요.

風邪を引かないためにはまず睡眠を十分にとり, たまに

窓を開けて部屋の中の空気を換えるのもいいでしょうね。

남 비타민C가 많이 들어 있는 과일도 좋아요.

ビタミン C がたくさん入っている果物もいいですよ。

여 맞아요. 그리고 겨울이라도 옷을 너무 두껍게 입지 않아야 해요.

そうですね。そして冬でも服をあまり厚着しないことです。

남 규칙적인 생활도 아주 중요해요. 規則的な生活もとても大事ですね。

---

1. 두 사람이 무엇에 대해 이야기를 하고 있는지 고르십시오.

2人が何について話しているのか選びなさい。

① 방안의 공기 部屋の中の空気
② 감기 예방 **風邪の予防**
③ 규칙적인 생활 規則的な生活
④ 과일을 먹는 방법 果物を食べる方法

---

2. 들은 내용과 같은 것을 고르십시오. 聞いた内容と同じものを選びなさい。

① 두꺼운 옷은 감기 예방에 좋습니다. 厚い服は風邪の予防にいいです。
② 방안의 환기도 중요합니다. **部屋の中の換気も重要です。**
③ 규칙적인 생활은 중요하지 않습니다. 規則的な生活は重要ではありません。
④ 채소나 과일은 안 먹어도 됩니다. 野菜や果物は食べなくてもいいです。

여 마이클 씨, 한국 민속촌에 가 본 적 있어요?

マイクルさん, 韓国の民俗村に行ったことありますか？

남 아니요, 아직 못 가 봤어요.

いいえ, まだ行ってみれてません。

여 거기엔 한국의 옛날 집들이 많이 있어요. 옛날 사람들의 생활을 볼 수 있고 또 직접 음식도 만들고 전통 놀이도 해 볼 수 있는 곳이에요.

そこは韓国の昔の家などがたくさんあります。昔の人々の生活を見ることができるし, また直接料理も作ったり伝統の遊びもできるところです。

남 재미있겠네요.

面白そうですね。

여 네, 귀국하기 전에 꼭 한 번 가 보세요.

はい, 帰国する前に必ず一度行ってみてください。

남 그럴게요. 친구들하고 같이 가 볼래요. そうします。友達と一緒に行ってみます。

---

1. 두 사람이 무엇에 대해 이야기를 하고 있는지 고르십시오.

2人が何について話しているのか選びなさい。

① 귀국에 대해서 　　　　　　　　　　　　　　　　帰国について

② 재미있는 놀이에 대해서 　　　　　　　　　　　面白い遊びについて

③ 한국 음식에 대해서 　　　　　　　　　　　　　韓国の食べ物について

④ 민속촌에 대해서 　　　　　　　　　　　　　　　民俗村について

---

2. 들은 내용과 같은 것을 고르십시오. 　　　聞いた内容と同じものを選びなさい。

① 민속촌에서는 옛날 집을 볼 수 있습니다.

民俗村では昔の家を見ることができます。

② 귀국 전에는 꼭 가 봐야 하는 곳입니다.

帰国前には必ず行ってみなければならないところです。

③ 민속촌에서 옛날 생활은 이제 볼 수 없습니다.

民俗村で昔の生活はもう見られません。

④ 남자는 민속촌에 가 본 적이 있습니다.

男性は民俗村に行ってみたことがあります。

여 58번 손님, 3번 창구로 와 주십시오.

58番のお客様，3番窓口へお越しください。

남 학생인데요, 통장을 만들고 싶어서 왔는데요.

学生ですが，通帳を作りたくて来たんですが。

여 학생증은 가지고 오셨어요?　　　　학生証はお持ちいただきましたか？
　　외국인이면 여권도 필요해요.　　　外国人ならパスポートも必要です。

남 학생증과 여권 여기 있습니다.　　　学生証とパスポートはここにあります。

여 이 번호표를 가지고 신청서를 쓰신 후 이 창구로 다시 오십시오.

この番号札を持ち申請書をご記載の後，こちらの窓口までまたお越しください。

남 네, 알겠습니다.　　　　　　　　　はい，わかりました。

---

1. 두 사람이 무엇에 대해 이야기를 하고 있는지 고르십시오.

2人が何について話しているのか選びなさい。

① 은행 통장 만들기　　　　　　　　銀行の通帳作り
② 번호표　　　　　　　　　　　　　番号札
③ 여권　　　　　　　　　　　　　　パスポート
④ 신분증　　　　　　　　　　　　　身分証明書

---

2. 들은 내용과 같은 것을 고르십시오.　　聞いた内容と同じものを選びなさい。

① 남자는 통장을 만든 적이 있습니다. 男性は通帳を作ったことがあります。
② 학생증이 없어도 통장을 만들 수 있습니다.

学生証がなくても通帳を作ることができます。

③ 남자는 외국인 학생입니다.　　　　男性は外国人の学生です。
④ 통장을 만든 후 신청서를 써야 합니다.

通帳を作った後に申請書を書かなければなりません。

남 토모코 씨는 형제가 어떻게 돼요? トモコさんは兄弟構成はどうなってますか？

여 세자매인데 제가 막내예요. 인수 씨는요? 三姉妹で私が末っ子です。インスさんは？

남 우리 집은 아들 둘, 딸 하나인데 삼형제 중에서 제가 첫째예요.
うちは息子が2人，娘が1人ですが，三兄弟の中で私が一番上です。

여 인수 씨는 부모님과 같이 살아요? インスさんはご両親と一緒に住んでますか？

남 아니요, 부모님은 여동생하고 시골에서 사시고, 남동생하고 저는
서울에서 대학교 근처에 살아요.
いいえ，両親は妹と田舎で暮らし，弟と私はソウルで大学の近くに住んでいます。

여 부모님께서 아들들을 보고 싶어하시겠어요.
ご両親は息子たちに会いたがってるでしょうね。

---

1. 두 사람이 무엇에 대해 이야기를 하고 있는지 고르십시오.
2人が何について話しているのか選びなさい。

① 가족에 대해서　　家族について
② 아들에 대해서　　息子について
③ 시골 생활에 대해서　　田舎暮らしについて
④ 서울 생활에 대해서　　ソウルの生活について

---

2. 들은 내용과 같은 것을 고르십시오. 聞いた内容と同じものを選びなさい。

① 남자는 부모와 같이 삽니다. 男性は両親と一緒に住んでいます。
② 여자는 남자 형제가 있습니다. 女性は男兄弟がいます。
③ 남자는 막내입니다. 男性は末っ子です。
④ 남자는 서울에서 삽니다. 男性はソウルに住んでいます。

218

여 어렸을 때 꿈이 뭐였어요?

幼いときの夢はなんでしたか？

남 지금은 회사원이지만 어렸을 때는 영화 배우가 되고 싶었어요.

今は会社員ですが幼い時は映画俳優になりたかったです。

여 왜요?

なぜですか？

남 의사도 되고, 부자도 되고, 할아버지도 되고, 운동 선수도 되고……,
여러 사람으로 변할 수 있는 게 재미있다고 생각했었어요.

医者にもなり，金持ちにもなり，おじいさんにもなり，スポーツ選
手にもなり…, いろんな人に変われるのが面白いと思ったからです。

여 그렇네요. 그럼 제일 하고 싶은 역은 뭐였어요?

そうなんですね。では一番やりたい役はなんでしたか？

남 슬픈 사랑 이야기의 주인공이 되고 싶었어요. 하하하……。

悲しいラブストーリーの主人公になりたかったです。ハハハ…。

---

1. 두 사람이 무엇에 대해 이야기를 하고 있는지 고르십시오.

2 人が何について話しているのか選びなさい。

① 여러 가지 직업 　　　　　　　　　　いろいろな職業
② 어렸을 때의 꿈 　　　　　　　　　　**幼いときの夢**
③ 사랑 이야기 　　　　　　　　　　　ラブストーリー
④ 운동 선수 　　　　　　　　　　　　スポーツ選手

---

2. 들은 내용과 같은 것을 고르십시오.　　聞いた内容と同じものを選びなさい。

① 남자는 슬픈 사랑 이야기를 좋아합니다.

男性は悲しいラブストーリーが好きです。

② 남자는 부자가 되는 게 꿈이었습니다.　男性は金持になるのが夢でした。

③ 남자의 꿈은 이루어졌습니다.　　　　男性の夢は叶えられました。

④ 남자는 배우가 되고 싶었습니다.　　**男性は俳優になりたかったです。**

여 잠시 쉬어야겠어요. 계속 컴퓨터를 해서 눈이 많이 피로하네요.
しばらく休みます。ずっとパソコンをしていたので目がすごく疲れたんですよ。

남 저도 그런 경험이 있어요.
僕もそんな経験があります。

여 민호 씨는 이럴 때 어떻게 해요?
ミノさんはこういう時どうしますか。

남 저는 우선 먼 곳을 바라봐요. 특히 나뭇잎같이 푸른 색을 보고 눈을 위 아래 오른쪽 왼쪽으로 움직여요.
僕はまず遠くを眺めます。特に木の葉っぱのような緑色を見て、目を上、下、右、左と動かします。

여 당장 가르쳐 준 대로 해 봐야겠네요. 고마워요.
すぐに教えてくれたとおりにやってみます。ありがとうございます。

남 오랫동안 똑같은 자세도 안 좋으니까 가끔씩 스트레칭을 하는 것도 잊지마세요.
長い間同じ姿勢もよくないのでたまにストレッチをすることも忘れないでください。

---

1. 두 사람이 무엇에 대해 이야기를 하고 있는지 고르십시오.
2人が何について話しているのか選びなさい。

① 컴퓨터에 대해서　　　　　　　　　　　パソコンについて
② 눈의 피로를 푸는 방법에 대해서　　　**目の疲れを取る方法について**
③ 먼 곳의 경치에 대해서　　　　　　　　遠くの景色について
④ 자세에 대해서　　　　　　　　　　　　姿勢について

---

2. 들은 내용과 같은 것을 고르십시오.　　聞いた内容と同じものを選びなさい。

① 여자는 남자가 가르쳐 준 대로 하지 않을 겁니다.
女性は男性が教えてくれたとおりにはしません。

② 남자는 눈이 피로한 적이 없습니다. 男性は目が疲れたことがありません。

③ 남자는 눈이 피로할 때 먼 곳을 봅니다.
男性は目が疲れたとき遠くを見ます。

④ 똑같은 자세는 눈에 좋습니다.　　　　同じ姿勢は目にいいです。

男性あるいは女性が①どうしてこのような行動をしたのか，その理由や目的を，②聞いた内容と同じものを選ぶ問題。

 39 Pattern-10

※ [29~30] 다음을 듣고 물음에 답하십시오.
（次を 聞いて 問に 答えなさい）

29. 남자는 왜 이곳에 왔는지 이유를 고르십시오.
（男性は なぜ ここに 来たのか 理由を 選びなさい）

　　① 계단을 이용하러 왔습니다.

　　② 책을 사러 왔습니다.

　　③ 친구를 만나러 왔습니다.

　　④ 손님을 찾으러 왔습니다.

28. 들은 내용과 같은 것을 고르십시오.
（聞いた 内容と 同じ ものを 選びなさい）

　　① 계단은 왼쪽에 있습니다.

　　② 2층에는 직원이 없습니다.

　　③ 역사 책은 2층에 있습니다.

　　④ 직원은 잘 모릅니다.

✌ 答えを導くためのアドバイス

　パターン10は最後のパートでもあり，最も内容が長い会話文ですので，さらに集中しなければなりません。もちろんここでも選択肢を先に素早く読んでから音声が流れるのを待つのがベストです。特に問1の質問は各問題ごとに質問が違いますので先に読んでおくと内容の予測もでき，問題によっては音声を聞きながら答えが選べます。どんな話をしているのか，具体的な事項についての質問があるので簡単にメモしながら聞くのもいい方法です。ただし，メモをとることだけに一生懸命になってはいけません！

여 손님, 뭘 찾으세요?　　　　　　　　　　　お客様, 何をお探しでしょうか。

남 한국 역사에 관한 책을 찾고 있어요.　　　韓国の歴史に関する本を探しています。

여 역사에 관한 책은 2층 C코너에 있습니다. 오른쪽 계단을 이용해 주세요.
　　　　歴史に関する本は2階のCコーナーにあります。右の階段をご利用ください。

남 감사합니다.　　　　　　　　　　　　　　ありがとうございます。

여 2층에도 저희 직원이 있으니까 궁금한 게 있거나 모르겠으면 물어보세요.
　　　2階にもうちの職員がいますから気になることがあるかわからなかったら聞いてみてください。

남 네, 알겠습니다.　　　　　　　　　　　　はい, わかりました。

---

29. 남자는 왜 이곳에 왔는지 이유를 고르십시오.
　　　　　　　　　　　　　　　男性はなぜここに来たのか理由を選びなさい。

　　① 계단을 이용하러 왔습니다.　　　　　階段を利用しに来ました。
　　② 책을 사러 왔습니다.　　　　　　　　**本を買いに来ました。**
　　③ 친구를 만나러 왔습니다.　　　　　　友達に会いに来ました。
　　④ 손님을 찾으러 왔습니다.　　　　　　お客を探しに来ました。

---

28. 들은 내용과 같은 것을 고르십시오.　　聞いた内容と同じものを選びなさい。
　　① 계단은 왼쪽에 있습니다.　　　　　　階段は左側にあります。
　　② 2층에는 직원이 없습니다.　　　　　2階には職員がいません。
　　③ 역사 책은 2층에 있습니다.　　　　　**歴史の本は2階にあります。**
　　④ 직원은 잘 모릅니다.　　　　　　　　職員はよくわかりません。

◆ 連結表現リスト

－て，－し，－で，－く《並列，完了，順番》	-고
－たり，－か《並列》	-거나
－だが，－から，－のに，－が《前置き，逆接》	-는데
－だが，－から，－のに《前置き，逆接》	-(으)ㄴ데
－ので《理由，原因》	-기 때문에
－から，－ので《理由，原因》	-(으)니까
－しに，（－する）ために《目的》	-(으)러
－しようと《意図》	-(으)려고
－て，－ので《理由》	-아/어서
－てこそ《条件》	-아/어야
－ば，－たら，（－する）と《仮定，条件》	-(으)면
－ながら《同時》	-(으)면서
－（する）とき《場合，時》	-(으)ㄹ 때
－けれども，－だが《逆接》	-지만
－（する）前に《順番》	-기 전에
－した後に《順番》	-ㄴ 후에
－してから《時間の経過》	-(으)ㄴ 지
－ために《目的》	을/를-기 위해(서)

◆ 助詞リスト

－が《主語》	-가/이
－が《尊敬》	-께서
－は《主語，主題》	-는/은
－を《対象》	-를/을
－と《並列，比較》	-와/과，-하고，-(이)랑
－も《追加，羅列》	-도
－だけ，－のみ，－ばかり《制限，限定》	-만
－しか《制限，限定》	-밖에
－に《場所，時間》	-에
《人，動物》－に	-에게，-한테
《人》－から	-에게서，-한테서
《人》－に《尊敬》	-께
－で《場所》－から《起点》	-에서
－より	-보다
－から《起点》	-부터
－まで《限度》	-까지
－の《所有，所属，関係》	-의
－で《手段》－へ，－に《方向》	-로/으로
－や，－か，－でも，－も《例示，選択，協調》	-(이)나
－ごとに《間隔》	-마다
－ように《例え》	-처럼

1. 여자가 소포를 배로 보낸 이유를 고르십시오.

① 소포를 빨리 보내고 싶어서

② 우편 요금이 싸니까

③ 비행기보다 배를 좋아하니까

④ 소포가 가벼우니까

2. 들은 내용과 같은 것을 고르십시오.

① 비행기는 빠르고 쌉니다.

② 배는 요금도 싸고 빨리 도착합니다.

③ 소포는 3-4일이면 도착합니다.

④ 급한 짐이 아니라서 배를 이용합니다.

1. 돌잔치가 중요한 이유를 고르십시오.

① 친구들을 불러야 하니까

② 부모들이 파티를 좋아하니까

③ 음식이 많이 있으니까

④ 아이의 첫 번째 생일이니까

2. 들은 내용과 같은 것을 고르십시오.

① 부모들은 아이의 첫 번째 생일을 중요하게 생각합니다.

② 보통은 호텔이나 식장에서 합니다.

③ 남자는 친구 아이의 첫 번째 생일 파티에 다녀왔습니다.

④ 남자는 돌잔치에 대해서 잘 알고 있습니다.

3

1. 여자가 전화를 한 이유를 고르십시오.
① 집들이에 초대하려고
② 약속 시간을 바꾸려고
③ 약속 장소에 늦게 도착하니까
④ 이사한 집을 몰라서

2. 들은 내용과 같은 것을 고르십시오.
① 여자는 이번 토요일에 이사했습니다.
② 여자는 이사한 후 바로 집들이를 했습니다.
③ 남자는 집 찾기가 어려우면 여자에게 연락합니다.
④ 남자는 집들이에 아무것도 안 가지고 갑니다.

4

1. 남자가 여자에게 왜 커피를 마시자고 했습니까?
① 가족을 만나고 싶어서
② 부모님이 기다리니까
③ 귀국하기 싫어서
④ 출발까지 시간이 많이 있어서

2. 들은 내용과 같은 것을 고르십시오.
① 남자는 유학 와서 처음 고향으로 갑니다.
② 남자는 부모님이 안 계십니다.
③ 남자는 부모님께 드릴 선물을 못 샀습니다.
④ 비행기는 네 시에 출발할 겁니다.

1. 남자가 방을 찾는 이유를 고르십시오.

① 친구와 같이 사용하고 싶어서

② 집이 회사에서 멀어서

③ 편의점이 가까워서

④ 친구가 귀국하니까

2. 들은 내용과 같은 것을 고르십시오.

① 남자가 원하는 방이 있습니다.

② 학교와 마트가 먼 방을 찾고 있습니다.

③ 테이블만 있는 방을 찾고 있습니다.

④ 남자는 싼 방을 찾고 있습니다.

1. 여자가 이사를 하고 싶은 이유를 고르십시오.

① 이번 학기부터 기숙사에서 살고 싶으니까

② 학교까지 멀어서 불편하니까

③ 기숙사는 규칙이 많으니까

④ 규칙을 지키지 않아도 되니까

2. 들은 내용과 같은 것을 고르십시오.

① 남자는 언제나 기숙사 생활이 마음에 듭니다.

② 여자는 다음 학기부터 기숙사에서 살고 싶습니다.

③ 남자는 유학생 센터에 연락을 할 겁니다.

④ 여자는 지금 학교 기숙사에 살고 있습니다.

7

1. 남자가 이 가게에 온 이유를 고르십시오.

① 인기 있는 가게라서

② 가게 이름이 멋있어서

③ 친구 이름을 알고 싶어서

④ 친구의 졸업 선물을 사려고

2. 들은 내용과 같은 것을 고르십시오.

① 친구의 입학 선물을 사려고 합니다.

② 졸업 선물로 머그컵을 샀습니다.

③ 남자의 친구는 유학생입니다.

④ 볼펜은 졸업 선물로 인기가 없습니다.

8

1. 여자가 전화를 건 이유를 고르십시오.

① 친구를 소개하려고

② 이사 때문에 부탁하려고

③ 점심을 같이 먹고 싶어서

④ 요리를 같이 만들려고

2. 들은 내용과 같은 것을 고르십시오.

① 여자는 남자를 도울 겁니다.

② 여자는 토요일에 이사했습니다.

③ 남자 혼자만 이사를 도울 겁니다.

④ 여자는 친구들에게 점심을 사 줄 겁니다.

1. 여자가 동네 시장에 자주 가는 이유를 고르십시오.
   ① 남대문 시장은 멀어서
   ② 한국에 와서 가 본 적이 없으니까
   ③ 학교에서 배운 한국어를 연습하러
   ④ 동네 시장의 물건이 좋으니까

2. 들은 내용과 같은 것을 고르십시오.
   ① 두 사람은 남대문 시장에 자주 갑니다.
   ② 동네 시장에서는 한국어 연습을 못 합니다.
   ③ 동네 시장 사람들이 아주 친절합니다.
   ④ 남자는 앞으로는 동네 시장에 안 갈 겁니다.

1. 여자가 아르바이트를 계속 하는 이유를 고르십시오.
   ① 여러 가지 경험을 할 수 있어서
   ② 건강을 위해서
   ③ 아르바이트를 하면 건강해지니까
   ④ 대학을 졸업해야 하니까

2. 들은 내용과 같은 것을 고르십시오.
   ① 여자는 아르바이트로 용돈을 법니다.
   ② 아르바이트는 힘들지 않습니다.
   ③ 여자는 대학교를 졸업했습니다.
   ④ 여자는 건강이 안 좋습니다.

11

1. 남자가 사진을 찍게 된 이유를 고르십시오.
① 유명한 작가의 사진전을 보고나서
② 좋아하는 사람을 찍고 싶어서
③ 사람들의 표정이나 행동이 재미있어서
④ 시간이 많이 있어서

2. 들은 내용과 같은 것을 고르십시오.
① 남자는 전시회를 여러 번 열었습니다.
② 여자는 남자의 전시회를 본 적이 있습니다.
③ 남자는 주로 자연을 찍습니다.
④ 남자는 취미로 사진을 찍기 시작했습니다.

12

1. 남자가 환자를 만날 수 없는 이유를 고르십시오.
① 친척이라서
② 주말 계획에 없어서
③ 환자의 건강이 나빠져서
④ 만날 수 있는 시간이 아니라서

2. 들은 내용과 같은 것을 고르십시오.
① 친척은 언제나 환자를 만날 수 있습니다.
② 누구나 환자를 만날 수 있습니다.
③ 주말에는 여섯 시간 동안 환자를 만날 수 있습니다.
④ 환자는 지금 육 층에 있습니다.

13

1. 여자가 대회에 나가는 이유를 고르십시오.

① 나이가 있어서

② 한국어 발음이 좋아서

③ 자신의 생각을 발표하려고

④ 말하기 대회는 좋은 기회이기 때문에

2. 들은 내용과 같은 것을 고르십시오.

① 여자는 도움이 필요 없습니다.

② 여자는 한국에서 사 년 살고 있습니다.

③ 여자는 연습할 시간이 없습니다.

④ 여자는 한국어 발음을 걱정하고 있습니다.

14

1. 남자가 생일 파티에 못 간 이유를 고르십시오.

① 생일 파티가 싫어서

② 생일 선물을 준비하지 못 해서

③ 노래를 못 불러서

④ 다른 일이 있어서

2. 들은 내용과 같은 것을 고르십시오.

① 남자도 생일 파티에 갔습니다.

② 여자는 게임은 했지만 노래방에는 안 갔습니다.

③ 남자는 아파서 생일 파티에 못 갔습니다.

④ 남자는 생일에 미역국을 먹는 이유를 모릅니다.

15

1. 여자가 같이 안 먹는 이유를 고르십시오.

① 건강이 안 좋아서

② 운동을 해야 하니까

③ 밥을 싫어하니까

④ 다이어트 중이라서

2. 들은 내용과 같은 것을 고르십시오.

① 배가 고프면 많이 먹어야 합니다.

② 다이어트 중에도 잘 먹어야 합니다.

③ 남자는 특히 저녁밥을 꼭 먹습니다.

④ 운동은 가끔 하면 됩니다.

16

1. 여자가 전화를 한 이유를 고르십시오.

① 휴대 전화가 고장나서

② 수리 시간을 알고 싶어서

③ 휴대 전화 수리 기간 중이라서

④ 수리 예약을 하고 싶어서

2. 들은 내용과 같은 것을 고르십시오.

① 여자는 여러 번 전원을 꺼 봤습니다.

② 예약 없이 서비스 센터에 가면 됩니다.

③ 여자는 휴대 전화를 바꾸고 싶어합니다.

④ 여자는 휴대 전화를 오랫동안 썼습니다.

1. 여자가 전화를 한 이유를 고르십시오.

① 티켓 자리를 바꾸고 싶어서

② 티켓 일정을 바꾸고 싶어서

③ 티켓 예약을 하고 싶어서

④ 티켓 시간을 확인하고 싶어서

2. 들은 내용과 같은 것을 고르십시오.

① 여자는 티켓 일정을 취소합니다.

② 티켓 일정은 절대로 바꿀 수 없습니다.

③ 여자가 원하는 날짜로 바꾸었습니다.

④ 여자가 원하는 날짜는 이번 달입니다.

1. 여자가 안내 방송을 부탁한 이유를 고르십시오.

① 사람을 찾으려고

② 약속 장소를 알고 싶어서

③ 일본어를 하는 사람이 필요해서

④ 비행기 도착 시간을 알아보려고

2. 들은 내용과 같은 것을 고르십시오.

① 여자는 친구를 만났습니다.

② 여자의 친구는 미국에서 왔습니다.

③ 여자의 친구는 비행기로 왔습니다.

④ 여자의 친구는 한국어를 할 수 있습니다.

19

1. 남자의 피부가 탄 이유를 고르십시오.

① 휴가가 길어서

② 햇볕을 쬐는 시간이 없어서

③ 바다에 갔다와서

④ 여름에 입는 옷이 얇아서

2. 들은 내용과 같은 것을 고르십시오.

① 남자는 혼자 해수욕장에 갔습니다.

② 여름에는 긴소매 옷이 필요하지 않습니다.

③ 해수욕장에 사람들이 적었습니다.

④ 햇볕이 강할 때는 모자 등을 쓰는 것이 좋습니다.

1

여 이 소포를 일본까지 보내고 싶은데요.　この小包を日本まで送りたいのですが。

남 비행기와 배로 보내는 게 있는데 뭘로 보내시겠어요?
飛行機と船で送る方法がありますが、何で送りますか？

비행기는 빠르지만 좀 비싸고 배는 시간이 걸리지만 요금이 아주 쌉니다.
飛行機は早いですが高く，船は時間がかかりますが料金がとても安いです。

급한 게 아니면 배로 보내도 괜찮아요.急ぎでなければ船で送るのもいいですよ。

여 급한 소포가 아니니까 배로 보낼게요.　急ぐ小包ではないから船で送ります。

남 그럼 여기 저울에 올려 주세요.　ではここの秤に置いてください。

여 며칠 걸려요?　何日間かかりますか？

남 보통 3~4주 정도 걸립니다.　大体3～4週間程度掛かります。

1. 여자가 소포를 배로 보낸 이유를 고르십시오.
女性が小包を船で送った理由を選びなさい。

① 소포를 빨리 보내고 싶어서　小包を早く送りたくて
② 우편 요금이 싸니까　**郵便料金が安いから**
③ 비행기보다 배를 좋아하니까　飛行機より船が好きだから
④ 소포가 가벼우니까　小包が軽いから

2. 들은 내용과 같은 것을 고르십시오.　聞いた内容と同じものを選びなさい。

① 비행기는 빠르고 쌉니다.　飛行機は早くて安いです。
② 배는 요금도 싸고 빨리 도착합니다.　船は料金も安く，早く到着します。
③ 소포는 3-4일이면 도착합니다.　小包は3～4日で到着します。
④ 급한 짐이 아니라서 배를 이용합니다.
急ぐ荷物ではないので船を利用します。

🔳 주말에 뭐 했어요? 　　　　　　　　　　　週末に何をしましたか？

🔳 친구 아이 돌잔치에 다녀왔어요. 友達の子どものトルジャンチに行ってきました。

🔳 돌잔치가 뭐예요? 　　　　　　　　　　　トルジャンチって何ですか？

🔳 아이의 첫 번째 생일 파티를 말해요.
　　　　　　　　　　子どもの初めての（満1歳の）誕生日パーティをいいます。

보통 친척이나 친구들을 불러서 파티를 해요.
　　　　　　　　　　　　　普通親戚や友達を呼んでパーティをします。

첫 번째 생일이라서 부모들이 신경을 많이 쓰지요.
　　　　　　　　　　　初めての誕生日なので親はけっこう気を使います。

🔳 파티는 어디서 해요? 　　　　　　　　　　パーティはどこでするんですか。

🔳 보통은 집에서 하는데 요즘은 가까운 호텔이나 식장을 빌려서 하는
사람들도 있어요.
　　　　　　一般的には家でしますが最近は近くのホテルや式場を借りてやる人々もいます。

---

1. 돌잔치가 중요한 이유를 고르십시오. 　トルジャンチが重要な理由を選びなさい。

　　① 친구들을 불러야 하니까 　　　　　　　友達を呼ばないといけないから
　　② 부모들이 파티를 좋아하니까 　　　　　親がパーティが好きだから
　　③ 음식이 많이 있으니까 　　　　　　　　食べ物がたくさんあるから
　　④ 아이의 첫 번째 생일이니까 　　　　　**子どもの初めての誕生日だから**

---

2. 들은 내용과 같은 것을 고르십시오. 　　聞いた内容と同じものを選びなさい。

　　① 부모들은 아이의 첫 번째 생일을 중요하게 생각합니다.
　　　　　　　　　　親は子どもの初めての誕生日を大事に思っています。
　　② 보통은 호텔이나 식장에서 합니다. 　普通はホテルや式場でやります。
　　③ 남자는 친구 아이의 첫 번째 생일 파티에 다녀왔습니다.
　　　　　　　男性は友達の子どもの初めての誕生日パーティに行ってきました。
　　④ 남자는 돌잔치에 대해서 잘 알고 있습니다.
　　　　　　　　　　男性はトルジャンチについてよく知っています。

(따르릉) (電話の音)

여 정수 씨? 이번 토요일에 저희 집에 올 수 있어요?
ジョンスさん，今度の土曜日にうちに来られますか？

남 오후에 친구랑 약속이 있는데⋯⋯. 몇 시까지 가면 돼요?
午後友人と約束がありますが…。何時までに行けばいいですか？

여 저녁 6시요. 지난달에 이사한 후 할 일도 많아서 너무 정신이 없었어요.
夕方6時です。先月の引っ越し後，やることも多くて落ち着いていませんでした。

이제 정리도 다 되어서 집들이를 하려고요.
もう片付けも終わったので引っ越し祝いをしようと思いまして。

남 6시라면 갈 수 있어요. 필요한 게 있으면 사 가지고 갈게요. 말씀하세요.
6時なら行けます。必要なものがあれば買っていきますよ。おっしゃってください。

여 아니에요, 그냥 오시면 돼요. 집을 못 찾겠으면 전화하세요.
いいえ，何も持たずに来ればいいですよ。家が見つからなかったらお電話ください。

남 네, 알겠어요. 그럼 제가 과일 좀 사 갈게요.
はい，わかりました。では私は果物を買っていきますね。

---

1. 여자가 전화를 한 이유를 고르십시오. 女性が電話をした理由を選びなさい。

① 집들이에 초대하려고 引っ越し祝いに招待しようと
② 약속 시간을 바꾸려고 約束の時間を変えようと
③ 약속 장소에 늦게 도착하니까 約束の場所に遅く到着するから
④ 이사한 집을 몰라서 引っ越した家がわからないから

---

2. 들은 내용과 같은 것을 고르십시오. 聞いた内容と同じものを選びなさい。

① 여자는 이번 토요일에 이사했습니다. 女性は今度の土曜日に引っ越しました。
② 여자는 이사한 후 바로 집들이를 했습니다.
女性は引っ越した後，すぐに引っ越し祝いをしました。
③ 남자는 집 찾기가 어려우면 여자에게 연락합니다.
男性は家が探しにくかったら女性に連絡します。
④ 남자는 집들이에 아무것도 안 가지고 갑니다.
男性は引っ越し祝いに何も持って行きません。

4

여 비행기 출발이 몇 시에요? 　　　　　飛行機の出発は何時ですか？

남 오후 3시니까 아직 시간이 많이 있어요. 커피 한 잔 할까요?
　　　午後３時だからまだ時間がたくさんあります。コーヒーでも一杯いかがですか？

여 좋아요. 스티브 씨는 유학 온 후 처음 귀국하시는 거예요?
　　　　いいですよ。スティーブさんは留学に来てから初めて帰国するのですか？

　　부모님이 아주 좋아하시겠네요. 　　　ご両親がとても喜ぶでしょうね。

남 네, 많이 기다리고 계세요. 저도 빨리 가족을 만나고 싶어요.
　　　　　はい，随分と待っています。私も早く家族に会いたいです。

여 부모님께 드릴 선물은 샀어요? 　ご両親に差し上げるプレゼントは買いましたか？

남 네, 건강 식품을 준비했어요. 　　　　　はい，健康食品を用意しました。

---

1. 남자가 여자에게 왜 커피를 마시자고 했습니까?
　　　　　　　　　男性はなぜ女性にコーヒーを飲もうといいましたか？

　　① 가족을 만나고 싶어서 　　　　　家族に会いたくて
　　② 부모님이 기다리니까 　　　　ご両親が待っているから
　　③ 귀국하기 싫어서 　　　　　　帰国したくないから
　　④ 출발까지 시간이 많이 있어서 　**出発まで時間がたくさんあるから**

---

2. 들은 내용과 같은 것을 고르십시오. 　　聞いた内容と同じものを選びなさい。

　　① 남자는 유학 와서 처음 고향으로 갑니다.
　　　　　　　　　　男性は留学に来て初めて故郷に帰ります。
　　② 남자는 부모님이 안 계십니다. 　　　男性は両親がいません。
　　③ 남자는 부모님께 드릴 선물을 못 샀습니다.
　　　　　　　　男性は両親に差し上げるお土産を買えませんでした。
　　④ 비행기는 네 시에 출발할 겁니다. 　　飛行機は４時に出発します。

여 어서 오세요. いらっしゃいませ。

남 방을 보러 왔는데요. 部屋を見に来たんですが。

여 어떤 방을 찾으세요? 혼자 쓰실 거예요?
どんな部屋をお探しですか？ ひとりで使われますか？

남 네, 지금 있는 곳이 회사에서 멀어서 다니기가 힘들어요.
はい，今いるところが会社から遠いので通うのが大変なんです。

그래서 방값이 조금 비싸도 학교와 마트가 가깝고 테이블이나 침대 등
가구가 있으면 좋겠어요. 욕실이 따로 있으면 더욱 좋고요.
なので部屋代が少し高くても，学校とスーパーが近くて，テーブルやベッ
トなどの家具付きがいいです。浴室が別々にあれば更にいいですね。

여 마침 괜찮은 방이 하나 있는데 지금 같이 가 볼 수 있어요?
ちょうどいい部屋がひとつありますが，今一緒に行ってみられますか？

남 네, 괜찮아요. 빨리 보고 싶네요. はい，大丈夫です。早く見たいです。

---

1. 남자가 방을 찾는 이유를 고르십시오.
男性が部屋を探す理由を選びなさい。

① 친구와 같이 사용하고 싶어서 友達と一緒に使いたくて
② 집이 회사에서 멀어서 **家が会社から遠いので**
③ 편의점이 가까워서 コンビニが近いから
④ 친구가 귀국하니까 友達が帰国するから

---

2. 들은 내용과 같은 것을 고르십시오. 聞いた内容と同じものを選びなさい。

① 남자가 원하는 방이 있습니다. **男性の望む部屋があります。**
② 학교와 마트가 먼 방을 찾고 있습니다.
学校とスーパーが遠い部屋を探しています。
③ 테이블만 있는 방을 찾고 있습니다.
テーブルだけ置いてある部屋を探しています。
④ 남자는 싼 방을 찾고 있습니다. 男性は安い部屋を探しています。

여 지금 어디 살아요? 今どこに住んでいますか？

남 전 학교 기숙사에서 살고 있어요. 僕は学校の寄宿舎に住んでいます。

여 그래요? 기숙사 생활은 어때요?

そうですか？ 寄宿舎の生活はどうですか？

남 규칙이 많아서 가끔 불편할 때도 있지만 학교와 가까워서 편해요.

規則が多くて時々不便な時もあるけど学校と近いので楽です。

여 저도 집이 멀어서 다음 학기에는 기숙사로 이사를 하고 싶은데 어떻게
하면 되죠?

私も家が遠いので次の学期には寄宿舎に引っ越したいのですが，どうすればいいですか？

남 우선 유학생 센터에 연락해 보세요.

まず留学生センターに連絡してみてください。

---

1. 여자가 이사를 하고 싶은 이유를 고르십시오.

女性が引っ越しをしたい理由を選びなさい。

① 이번 학기부터 기숙사에서 살고 싶으니까

今学期から寄宿舎で住みたいから

② 학교까지 멀어서 불편하니까 学校まで遠いので不便だから

③ 기숙사는 규칙이 많으니까 寄宿舎は規則が多いから

④ 규칙을 지키지 않아도 되니까 規則を守らなくてもいいから

---

2. 들은 내용과 같은 것을 고르십시오. 聞いた内容と同じものを選びなさい。

① 남자는 언제나 기숙사 생활이 마음에 듭니다.

男性はいつでも寄宿舎生活が気に入っています。

② 여자는 다음 학기부터 기숙사에서 살고 싶습니다.

女性は次の学期から寄宿舎で住みたいです。

③ 남자는 유학생 센터에 연락을 할 겁니다.

男性は留学生センターに連絡をします。

④ 여자는 지금 학교 기숙사에 살고 있습니다.

女性は今，学校の寄宿舎に住んでいます。

여 고객님 뭘 찾고 계세요? お客様何かお探しですか？

남 유학 온 친구가 졸업이라서 작은 선물을 하나 사고 싶어서요.
留学に来た友達が卒業するのでちょっとしたプレゼントをひとつ買いたくてですね。

여 이 볼펜이나 머그컵은 어때요? 학생들에게 가장 인기 있는 상품이에요.
このボールペンやマグカップはどうですか？ 学生に一番人気のある商品ですよ。

남 그럼 볼펜으로 할게요. ではボールペンにします。

여 원하시면 볼펜에 이름도 넣어 드리는데, 넣으실 거예요?
ご希望であればボールペンに名前も入れて差し上げますが，お入れしますか？

남 그래요? 그럼 꼭 넣어 주세요. そうですか？ では必ず入れてください。

---

1. 남자가 이 가게에 온 이유를 고르십시오.

男性がこの店に来た理由を選びなさい。

① 인기 있는 가게라서 人気のある店なので
② 가게 이름이 멋있어서 店の名前が素敵なので
③ 친구 이름을 알고 싶어서 友達の名前が知りたくて
④ 친구의 졸업 선물을 사려고 友達の卒業のプレゼントを買いに

---

2. 들은 내용과 같은 것을 고르십시오. 聞いた内容と同じものを選びなさい。

① 친구의 입학 선물을 사려고 합니다.
友達の入学のプレゼントを買うつもりです。

② 졸업 선물로 머그컵을 샀습니다.
卒業のプレゼントでマグカップを買いました。

③ 남자의 친구는 유학생입니다. 男性の友達は留学生です。

④ 볼펜은 졸업 선물로 인기가 없습니다.
ボールペンは卒業のプレゼントとして人気がありません。

(따르릉)   (電話の音)

여 민영 씨, 저 부탁이 있어서 전화했어요.

ミニョンさん, あの, ひとつお願いがあり電話しました。

남 뭔데요?   何ですか？

여 제가 이번 토요일에 이사를 하는데 좀 도와줄 수 있어요?

私は今度の土曜日に引っ越すのですが, ちょっと手伝ってくれますか？

남 이번 토요일요? 물론이죠. 몇 시까지 가면 돼요?

今度の土曜日ですか？ もちろんですよ。何時までに行けばいいですか？

여 고마워요. 그럼 아침 아홉 시까지 와 주세요.

ありがとうございます。では朝9時までに来てください。

다른 친구들도 올 거예요. 점심은 제가 살게요.

ほかの友達も来ます。ランチは私がおごりますよ。

남 맛있는 걸로 부탁해요.   美味しいものでお願いします。

---

1. 여자가 전화를 건 이유를 고르십시오. 女性が電話を掛けた理由を選びなさい。

① 친구를 소개하려고   友達を紹介しようと
② 이사 때문에 부탁하려고   **引っ越しのためにお願いしようと**
③ 점심을 같이 먹고 싶어서   ランチを一緒に食べたくて
④ 요리를 같이 만들려고   料理を一緒に作ろうと

2. 들은 내용과 같은 것을 고르십시오. 聞いた内容と同じものを選びなさい。

① 여자는 남자를 도울 겁니다.   女性は男性を手伝います。
② 여자는 토요일에 이사했습니다.   女性は土曜日に引っ越しました。
③ 남자 혼자만 이사를 도울 겁니다. 男性ひとりだけ引っ越しを手伝います。
④ 여자는 친구들에게 점심을 사 줄 겁니다.

女性は友達にランチをおごります。

여 한국에 와서 시장에 가 본 적 있어요? 韓国に来て市場に行ってみた事ありますか？

남 네, 남대문 시장에 몇 번 가 봤어요. はい、南大門市場に何度か行ってみました。

여 저는 동네 시장에 자주 가요. 아저씨랑 아주머니들이 참 친절해요.
私は近所の市場によく行きます。おじさんとおばさんたちが本当に親切です。

거기서 수업 시간에 배운 한국어를 사용해 봐요.
そこで授業で習った韓国語を使ってみます。

"좀 깎아 주세요", "맛있어요"등 한국어 연습이 많이 돼요.
「少し安くしてください」「おいしい」など韓国語の練習になります。

남 말하기 연습에 좋은 방법이겠네요. 会話練習によい方法でしょうね。

여 네, 그리고 동네 시장은 물건 값도 아주 싸요.
はい、そして近所の市場は品物の値段もとても安いです。

남 저도 앞으로 한국어를 연습하러 동네 시장에 자주 가 봐야겠어요.
私もこれから韓国語を練習しに近所の市場へ行かなくてはなりませんね。

---

1. 여자가 동네 시장에 자주 가는 이유를 고르십시오.
女性が近所の市場によく行く理由を選びなさい。

① 남대문 시장은 멀어서 南大門市場は遠いので
② 한국에 와서 가 본 적이 없으니까 韓国に来て行ってみた事がないから
③ 학교에서 배운 한국어를 연습하러 学校で習った韓国語を練習しに
④ 동네 시장의 물건이 좋으니까 近所の市場の品物がいいから

---

2. 들은 내용과 같은 것을 고르십시오. 聞いた内容と同じものを選びなさい。

① 두 사람은 남대문 시장에 자주 갑니다. 2人は南大門市場によく行きます。
② 동네 시장에서는 한국어 연습을 못 합니다.
近所の市場では韓国語の練習ができません。
③ 동네 시장 사람들이 아주 친절합니다. 近所の市場の人々がとても親切です。
④ 남자는 앞으로는 동네 시장에 안 갈 겁니다.
男性はこれからは近所の市場に行きません。

10

남 요즘도 아르바이트를 하고 있어요? 　最近もバイトをしているんでか？

여 네, 대학교를 졸업할 때까지는 계속 할 거예요.
　はい，大学を卒業するまでは続けるつもりです。

남 힘들지 않아요? 　大変ではないですか。

여 힘들지만 여러 가지 경험을 할 수 있어서 좋아요. 용돈도 생기고요.
　大変ですが，いろいろな経験ができるのでいいです。お小遣いも入りますしね。

남 그렇군요. 하지만 건강도 생각하면서 하세요.
　そうなんですね。でも健康も考えながらやってください。

여 네, 걱정해 줘서 고마워요. 　はい，心配してくれてありがとうございます。

---

1. 여자가 아르바이트를 계속 하는 이유를 고르십시오.
　女性がバイトを続ける理由を選びなさい。

① 여러 가지 경험을 할 수 있어서 　いろいろな経験ができるから
② 건강을 위해서 　健康のために
③ 아르바이트를 하면 건강해지니까 　バイトをすると健康になるから
④ 대학을 졸업해야 하니까 　大学を卒業しないといけないから

---

2. 들은 내용과 같은 것을 고르십시오. 　聞いた内容と同じものを選びなさい。

① 여자는 아르바이트로 용돈을 법니다. 女性はバイトでお小遣いを稼ぎます。
② 아르바이트는 힘들지 않습니다. 　バイトは大変ではありません。
③ 여자는 대학교를 졸업했습니다. 　女性は大学を卒業しました。
④ 여자는 건강이 안 좋습니다. 　女性は健康がよくないです。

여 첫 사진전을 열었다고 들었어요.　　　　　初の写真展を開いたと聞きました。
회사일도 바쁠텐데 사진은 언제부터 찍기 시작했어요?
　　　　　　　会社の仕事も忙しいはずなのに写真はいつから撮り始めまたんですか？

남 5년 전에 유명한 작가의 사진전에 가 본 적이 있어요.
　　　　　　　　　　　５年前に有名な作家の写真展に行ってみたことがあります。

그때 본 사진들이 아주 멋있었어요. 그래서 저도 취미로 시작했죠.
　　　　　　その時に見た写真がとても素晴らしかったです。それで私も趣味で始めました。

여 어떤 사진을 찍으세요?　　　　　　　　　どんな写真を撮るんですか？

남 저는 주로 사람을 찍어요. 얼굴 표정이나 행동들이 참 재미있어요.
　　　　　　　私は主に人を撮ります。顔の表情や行動が本当に面白いです。

여 저도 사진전을 꼭 보러 갈게요.　　　私も写真展を必ず見に行きます。

남 네, 고맙습니다.　　　　　　　　　　はい、ありがとうございます。

1. 남자가 사진을 찍게 된 이유를 고르십시오.
　　　　　　　　　　　男性が写真を撮るようになった理由を選びなさい。

① 유명한 작가의 사진전을 보고나서　有名な作家の写真展を見てから
② 좋아하는 사람을 찍고 싶어서　　　　　好きな人を撮りたくて
③ 사람들의 표정이나 행동이 재미있어서　人々の表情や行動が面白くて
④ 시간이 많이 있어서　　　　　　　　時間がたくさんあるので

2. 들은 내용과 같은 것을 고르십시오.　聞いた内容と同じものを選びなさい。

① 남자는 전시회를 여러 번 열었습니다. 男性は展示会を何回か開きました。
② 여자는 남자의 전시회를 본 적이 있습니다.
　　　　　　　　　　女性は男性の展示会を見たことがあります。
③ 남자는 주로 자연을 찍습니다.　　　男性は主に自然を撮ります。
④ 남자는 취미로 사진을 찍기 시작했습니다.
　　　　　　　　　　男性は趣味で写真を撮り始めました。

📗 친척인데요, 7층에 입원한 환자를 만나러 왔습니다.
親戚なのですが，７階に入院した患者に会いに来ました。

📙 죄송합니다. 친척이라도 지금은 환자를 만날 수 없습니다.
申し訳ございません。親戚でも今は患者に会うことはできません。

📗 왜요?
なぜですか？

📙 환자를 만날 수 있는 시간이 지났습니다.
患者に会える時間が過ぎました。
오후 1시부터 4시까지만 만날 수 있습니다.
午後１時から４時までに会えます。
죄송합니다만 내일 다시 오시기 바랍니다.
申し訳ありませんが明日また来てください。

📗 주말에도 시간이 같아요?
週末も時間は同じですか？

📙 주말에는 저녁 일곱 시까지 가능합니다.
週末は夜７時まで可能です。

1. 남자가 환자를 만날 수 없는 이유를 고르십시오.
男性が患者に会えない理由を選びなさい。

① 친척이라서　　　　　　親戚なので
② 주말 계획에 없어서　　週末の計画にないので
③ 환자의 건강이 나빠져서　患者の健康が悪くなったので
④ 만날 수 있는 시간이 아니라서　**会える時間ではないので**

2. 들은 내용과 같은 것을 고르십시오.
聞いた内容と同じものを選びなさい。

① 친척은 언제나 환자를 만날 수 있습니다.
親戚はいつでも患者に会うことができます。
② 누구나 환자를 만날 수 있습니다.
誰でも患者に会えることができます。
③ 주말에는 여섯 시간 동안 환자를 만날 수 있습니다.
週末は６時間，患者に会えます。
④ 환자는 지금 육 층에 있습니다.
患者は今，６階にいます。

여 이번에 한국어 말하기 대회에 나가기로 했어요.

今回，韓国語のスピーチ大会に出ることにしました。

남 그래요? 나가기로 결심한 이유는 뭐예요?

そうなんですか？ 出ると決心した理由は何ですか？

여 한국에서 3년 동안 생활하면서 느낀 한국어와 한국 문화에 대한 제 생각을 발표하고 싶어서요.

韓国で３年間生活しながら感じた韓国語と韓国の文化についての私の考えを発表したくて。

남 연습은 잘하고 있어요?　　　練習はうまく行っていますか？

여 네, 그런데 한국어 발음이 아직도 많이 서툴러서 걱정이에요.

はい，ところで韓国語の発音がまだすごく下手なので心配です。

남 그러면 제가 좀 도와 드릴게요.　　それじゃ私が手伝ってあげますよ。

1. 여자가 대회에 나가는 이유를 고르십시오.

女性が大会に出る理由を選びなさい。

① 나이가 있어서　　　　　　　　年齢がいっているので
② 한국어 발음이 좋아서　　　　　韓国語の発音がいいので
③ 자신의 생각을 발표하려고　　　自分の考えを発表しようと
④ 말하기 대회는 좋은 기회이기 때문에　スピーチ大会はよい機会なので

2. 들은 내용과 같은 것을 고르십시오.　聞いた内容と同じものを選びなさい。

① 여자는 도움이 필요 없습니다.　女性は手伝いが必要ありません。
② 여자는 한국에서 사 년 살고 있습니다. 女性は韓国で４年間住んでいます。
③ 여자는 연습할 시간이 없습니다.　女性は練習する時間がありません。
④ 여자는 한국어 발음을 걱정하고 있습니다.

女性は韓国語の発音を心配しています。

女 연수 씨, 어제 미영 씨 생일 파티에 왜 안 왔어요?
　　ヨンスさん，昨日ミヨンさんの誕生日パーティにどうして来なかったんですか？

男 미안해요. 어제는 일이 있어서 못 갔어요. 어땠어요?
　　ごめんなさい。昨日は用事があったので行けなかったのです。どうでしたか？

女 맛있는 음식도 먹고 게임도 하고 아주 재미있었어요.
　　おいしい料理も食べて，ゲームもして，とても面白かったです。

파티가 끝난 후에 다 같이 노래방에도 갔어요.
　　パーティが終わった後に皆でカラオケにも行きました。

男 그런데 한국에서는 생일날 특별히 먹는 음식이 있어요?
　　ところで韓国では誕生日に特別に食べる料理はありますか？

女 네, 생일날에는 케이크도 먹지만 미역국을 꼭 먹어요.
　　はい，誕生日にはケーキも食べますが，わかめスープを必ず食べます。

男 그래요? 그 이유를 알고싶네요.　　そうですか？　その理由が知りたいですね。

---

1. 남자가 생일 파티에 못 간 이유를 고르십시오.
　　男性が誕生日のパーティに行けなかった理由を選びなさい。

① 생일 파티가 싫어서　　　　　誕生日のパーティが嫌いなので
② 생일 선물을 준비하지 못 해서　誕生日プレゼントを準備できなかったので
③ 노래를 못 불러서　　　　　　歌が下手なので
④ 다른 일이 있어서　　　　　　別の用事があったので

---

2. 들은 내용과 같은 것을 고르십시오.　　聞いた内容と同じものを選びなさい。

① 남자도 생일 파티에 갔습니다.　　男性も誕生パーティに行きました。
② 여자는 게임은 했지만 노래방에는 안 갔습니다.
　　女性はゲームはしましたが，カラオケには行きませんでした。
③ 남자는 아파서 생일 파티에 못 갔습니다.
　　男性は病気で誕生パーティに行けませんでした。
④ 남자는 생일에 미역국을 먹는 이유를 모릅니다.
　　男性は誕生日にわかめスープを食べる理由を知りません。

🔵 왜 안 먹어요? 같이 먹읍시다.　　なぜ食べないんですか？　一緒に食べましょう。

🔴 아니요, 전 괜찮아요.　　いいえ，私は大丈夫です。

🔵 혹시 다이어트 중이에요?　　もしかしてダイエット中ですか？

🔴 네, 먹고 싶지만 이번에는 다이어트를 꼭 성공하고 싶어서요.
　　はい，食べたいけど今回はダイエットに必ず成功したいので。

🔵 다이어트를 해도 먹으면서 해야 해요.
　　ダイエットをしても食べながら行わないといけません。

　 안 먹는 다이어트는 몸에 안 좋아요.　食べないダイエットは体によくないです。

　 저는 특히 아침밥은 꼭 챙겨 먹고, 점심은 적당하게, 저녁은 가볍게 먹어요.
　　私は特に朝ごはんを必ずちゃんと食べて，昼は適切に，夜は軽く食べます。

　 그리고 열심히 운동도 하고 있어요.　　そして一生懸命，運動もしています。

🔴 그렇기는 한데요…….　　それはそうなのですが…。

---

1. 여자가 같이 안 먹는 이유를 고르십시오.
　　女性が一緒に食べない理由を選びなさい。

　① 건강이 안 좋아서　　健康ではないので
　② 운동을 해야 하니까　　運動をしなければならないので
　③ 밥을 싫어하니까　　ご飯が嫌いなので
　④ 다이어트 중이라서　　**ダイエット中なので**

---

2. 들은 내용과 같은 것을 고르십시오.　　聞いた内容と同じものを選びなさい。

　① 배가 고프면 많이 먹어야 합니다.
　　お腹がすいたらたくさん食べなければなりません。

　② 다이어트 중에도 잘 먹어야 합니다.
　　ダイエット中にもよく食べなければなりません。

　③ 남자는 특히 저녁밥을 꼭 먹습니다.　　男性は特に夕飯を必ず食べます。

　④ 운동은 가끔 하면 됩니다.　　運動はたまにすればいいです。

(따르릉) (電話の音)

🔵 서비스 센터입니다. サービスセンターです。

🔴 휴대 전화를 산 지 얼마 되지 않았는데 고장이 난 것 같아요.
携帯電話を買って間もないのですが壊れたようです。

화면이 갑자기 안 나와서 전화했어요. 画面が急に映らなくなったので電話しました。

🔵 그러세요? 그럼 우선 전원을 잠시 꺼 보세요.
そうですか？　ではまず電源をしばらく切ってみてください。

🔴 몇 번이나 그렇게 해 봤지만 그래도 안 나와서요.
何回もそうしてみましたが，それでも映らないので。

🔵 그럼 한번 가지고 와 보세요. では一度お持ちになってお越しください。

오기 전에 먼저 꼭 예약을 해야 합니다.
いらっしゃる前にはまず予約を必ずしなければなりません。

🔴 네, 알겠습니다. はい，わかりました。

---

1. 여자가 전화를 한 이유를 고르십시오. 女性が電話をした理由を選びなさい。

① 휴대 전화가 고장나서 携帯電話が故障したので
② 수리 시간을 알고 싶어서 修理時間が知りたくて
③ 휴대 전화 수리 기간 중이라서 携帯電話の修理期間中なので
④ 수리 예약을 하고 싶어서 修理の予約をしたくて

---

2. 들은 내용과 같은 것을 고르십시오. 聞いた内容と同じものを選びなさい。

① 여자는 여러 번 전원을 꺼 봤습니다. 女性は何回も電源を切ってみました。
② 예약 없이 서비스 센터에 가면 됩니다.
予約なしでサービスセンターに行けばいいです。
③ 여자는 휴대 전화를 바꾸고 싶어합니다.
女性は携帯電話を変えたがっています。
④ 여자는 휴대 전화를 오랫동안 썼습니다.
女性は携帯電話を長い間使いました。

(따르릉)　　　　　　　　　　　　　　　　　　　　　　　　　(電話の音)

🔲 감사합니다. 미주 여행사입니다. 무엇을 도와 드릴까요?

　　　　ありがとうございます。ミジュ旅行会社です。何をお手伝いしましょうか？

🔲 지난주에 예약한 티켓 일정을 바꿀 수 있을까요?

　　　　　　　　　　　　先週予約したチケットの日程を変えられますか？

🔲 네, 원하시는 날짜가 있으세요?　　　　　はい、ご希望の日にちはありますか？

🔲 다음 달 1일 오전 시간에 자리가 있어요?

　　　　　　　　　　　　では来月１日の午前中に席はありますか？

🔲 네, 잠시만 기다려 주세요.　　　　　　はい、少々お待ちください。

고객님께서 원하시는 날짜에 자리가 있네요. 바꾸시겠습니까?

　　　　　　　　お客様のご希望される日にちに席がございます。変更いたしますか。

🔲 네, 바꿔 주세요. 감사합니다.　　　はい、変えてください。ありがとうございます。

---

1. 여자가 전화를 한 이유를 고르십시오.　　女性が電話をした理由を選びなさい。

　① 티켓 자리를 바꾸고 싶어서　　　　チケットの席を変えたいから
　❷ 티켓 일정을 바꾸고 싶어서　　　　**チケットの日程を変えたいから**
　③ 티켓 예약을 하고 싶어서　　　　　チケットの予約をしたいから
　④ 티켓 시간을 확인하고 싶어서　　　チケットの時間を確認したいから

---

2. 들은 내용과 같은 것을 고르십시오.　　聞いた内容と同じものを選びなさい。

　① 여자는 티켓 일정을 취소합니다. 女性はチケットの日程をキャンセルします。
　② 티켓 일정은 절대로 바꿀 수 없습니다.

　　　　　　　　　　　　チケットの日程は絶対に変えられません。

　❸ 여자가 원하는 날짜로 바꾸었습니다. 女性が希望する日にちに変えました。
　④ 여자가 원하는 날짜는 이번 달입니다. 女性が希望する日にちは今月です。

여 사람을 찾고 있는데 안내 방송 좀 부탁드립니다.
人を探しているのですが，案内放送をお願いいたします。

남 네, 알겠습니다. 어떤 분을 찾으십니까?
はい，かしこまりました。どんな方をお探しですか？

여 일본에서 온 야마모토 씨를 찾고 있어요. 日本から来た山本さんを探しています。
비행기는 벌써 도착했는데 약속 장소에서 못 만났어요.
飛行機はとっくに到着しましたが約束の場所で会えなかったのです。

남 네, 잠시만 기다리십시오. はい，少々お待ちください。

여 일본어로 방송이 가능해요? 친구가 일본어만 할 줄 알아서요.
日本語で放送はできますか？ 友達は日本語のみ話せますので。

남 네, 일본어로 방송해 드리겠습니다. はい，日本語で放送して差し上げます。

---

1. 여자가 안내 방송을 부탁한 이유를 고르십시오.
女性が案内放送をお願いした理由を選びなさい。

① 사람을 찾으려고 人を探すために
② 약속 장소를 알고 싶어서 約束の場所を知りたくて
③ 일본어를 하는 사람이 필요해서 日本語ができる人が必要だから
④ 비행기 도착 시간을 알아보려고 飛行機の到着時間を調べるために

2. 들은 내용과 같은 것을 고르십시오. 聞いた内容と同じものを選びなさい。

① 여자는 친구를 만났습니다. 女性は友達に会いました。
② 여자의 친구는 미국에서 왔습니다. 女性の友達はアメリカから来ました。
③ 여자의 친구는 비행기로 왔습니다. 女性の友達は飛行機で来ました。
④ 여자의 친구는 한국어를 할 수 있습니다. 女性の友達は韓国語ができます。

여 휴가 동안 뭐 했어요?　　　　　　　　　休暇中は何をしましたか？

남 아이들과 해수욕장에 갔다 왔어요.　　子どもたちと海水浴場へ行ってきました。
사람들이 진짜 많았어요.　　　　　　　　人が本当に多かったです。

여 그래서 많이 타셨네요.　　　　　　　　それでずいぶんと焼けましたねえ。
강한 햇볕을 직접 쬐는 것은 피부에 안 좋아요.
　　　　　　　　強い日差しを直接浴びるのは皮膚によくありませんよ。

남 긴소매 옷을 입었는데도 탔어요.　　　　長袖を着ましたが焼けました。

여 특히 오후 2시에서 3시 때가 햇빛이 가장 강한 시간이니까 밖으로
나갈 때는 모자나 양산을 쓰는 게 좋아요.
　　　　　　　特に午後2時から3時頃が日差しが一番強い時間だか
　　　　　　　ら外に出るときは帽子や日傘をさしたほうがいいです。

남 다음엔 좀 더 신경을 써야겠어요.　今度はもう少し気を遣わなければなりませんね。

---

1. 남자의 피부가 탄 이유를 고르십시오.　　男性の皮膚が焼けた理由を選びなさい。

① 휴가가 길어서　　　　　　　　　　　　休暇が長くて
② 햇볕을 쬐는 시간이 없어서　　　　　日差しを浴びる時間がなくて
③ 바다에 갔다와서　　　　　　　　　　　**海に行ってきたから**
④ 여름에 입는 옷이 얇아서　　　　　　夏に着る服が薄くて

---

2. 들은 내용과 같은 것을 고르십시오.　　聞いた内容と同じものを選びなさい。

① 남자는 혼자 해수욕장에 갔습니다. 男性はひとりで海水浴場へ行きました。
② 여름에는 긴소매 옷이 필요하지 않습니다.
　　　　　　　　　　夏には長袖の服は必要ではありません。
③ 해수욕장에 사람들이 적었습니다.　海水浴場には人が少なかったです。
④ 햇볕이 강할 때는 모자 등을 쓰는 것이 좋습니다.
　　　　　　　　日差しが強い時は帽子などを被るのがいいです。

まとめの
模擬試験

▶ 最後に
1回分模試（聞取りのみ）
に挑戦してみよう！

※ [1~4] 다음을 듣고 〈보기〉와 같이 물음에 맞는 대답을 고르십시오.

─〈보기〉─

가: 물이에요?
나:＿＿＿＿＿＿＿＿＿＿＿＿

❶ 네, 물이에요.　　　　　② 네, 물이 아니에요.
③ 아니요, 물이 좋아요.　　④ 아니요, 물이 맛있어요.

1. ① 아니요, 안 만나요.　　　② 네, 만났어요.
　 ③ 네, 친구예요.　　　　　　④ 아니요, 안 만났어요.

2. ① 집에 있어요.　　　　　　② 공항에 갔어요.
　 ③ 공항에 있어요.　　　　　④ 집에서 자요.

3. ① 은행에 다닙니다.　　　　② 열심히 일을 하고 있어요.
　 ③ 매일 텔레비전을 봐요.　　④ 병원을 싫어해요.

4. ① 아니요, 안 해요.　　　　② 아니요, 어제 불렀어요.
　 ③ 아니요, 싫어해요.　　　　④ 아니요, 못해요.

※ [5~6] 다음을 듣고 〈보기〉와 같이 다음 말에 이어지는 것을 고르십시오.

---〈보기〉---

가: 안녕히 계세요.
나:＿＿＿＿＿＿＿＿＿＿＿

① 말씀하세요.   ② 어서 오세요.
❸ 안녕히 계세요.   ④ 안녕히 가세요.

---

5. ① 아니에요.   ② 부탁해요.
   ③ 아니요, 죄송해요.   ④ 네, 지금 가요.

6. ① 네, 우체국이 아니에요.   ② 은행 옆에 있습니다.
   ③ 휴게실이 있습니다.   ④ 네, 괜찮습니다.

[7~10] 여기는 어디입니까? 〈보기〉와 같이 알맞은 것을 고르십시오.

---〈보기〉---

가: 어떻게 오셨어요?
나: 이거 한국 돈으로 바꿔 주세요.

❶ 은행   ② 시장   ③ 도서관   ④ 박물관

---

7. ① 공원   ② 서점   ③ 백화점   ④ 공항

8. ① 호텔   ② 빵집   ③ 커피숍   ④ 교실

9. ① 약국   ② 주차장   ③ 사무실   ④ 공항

10. ① 대사관   ② 사진관   ③ 박물관   ④ 미술관

─────〈보기〉─────

가: 누구예요?

나: 이 사람은 형이고, 이 사람은 동생이에요.

❶ 가족   ② 친구   ③ 선생님   ④ 부모님

11.   ① 취미   ② 날씨   ③ 직업   ④ 시간

12.   ① 계획   ② 공부   ③ 기분   ④ 취미

13.   ① 장소   ② 여행   ③ 계절   ④ 지하철

14.   ① 생일   ② 국적   ③ 날씨   ④ 사진

※ [15~16] 다음 대화를 듣고 알맞은 그림을 고르십시오.

15. ①  ②

③  ④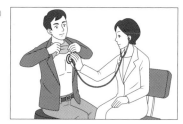

16. ①  ②

③  ④

※ [17~21] 다음을 듣고 〈보기〉와 같이 대화 내용과 같은 것을 고르십시오.

---〈보기〉---

남자: 편지를 써요?

여자: 네. 동생한테 편지를 써요.

① 남자는 동생입니다.　　　　② 여자는 편지를 읽습니다.

③ 남자는 편지를 씁니다.　　　❹ 여자는 동생이 있습니다.

17.　① 남자는 집에서 공부를 합니다.

　　② 남자는 쉽니다.

　　③ 여자는 귀국했습니다.

　　④ 남자는 일을 할 겁니다.

18.　① 남자는 숙제를 다 했습니다.

　　② 숙제가 어렵지 않지만 많습니다.

　　③ 두 사람은 숙제를 해야 합니다.

　　④ 숙제가 아주 적습니다.

19.　① 여자는 가족이 있습니다.

　　② 여자는 한국이 처음이 아닙니다.

　　③ 여자는 혼자 삽니다.

　　④ 여자는 한국에 혼자 왔습니다.

20.　① 여자는 중국에서 공부를 했습니다.

　　② 여자는 옛날 친구를 만났습니다.

　　③ 교실에 온 사람은 선생님입니다.

　　④ 여자는 미국에 간 적이 없습니다.

21. ① 여자는 외국에서 공부하고 싶어합니다.
    ② 남자는 지금 대학생입니다.
    ③ 여자는 올해 대학생이 됩니다.
    ④ 여자는 작년에 대학교를 졸업했습니다.

※ [22~24] 다음을 듣고 여자의 중심 생각을 고르십시오.

22. ① 주말에 쉬고 싶습니다.
    ② 공원에 있습니다.
    ③ 테니스를 안 칩니다.
    ④ 테니스를 가르치려고 합니다.

23. ① 다음에는 지하철을 이용하려고 생각합니다.
    ② 도로는 언제나 막힌다고 생각합니다.
    ③ 약속 시간에 늦지 않았습니다.
    ④ 일찍 출발해서 다행이라 생각합니다.

24. ① 일기예보는 안 맞습니다.
    ② 계획을 바꾸려고 합니다.
    ③ 오늘은 비도 오고 바람도 붑니다.
    ④ 날씨가 좋아서 아이들과 수영장에 갑니다.

※ [25~26] 다음을 듣고 물음에 답하십시오.

25. 여자가 왜 이 이야기를 하고 있는지 고르십시오.
① 세일에 대한 질문을 하기 위해
② 고객에게 인사하기 위해
③ 마트에 대해 설명하려고
④ 특별 행사를 알리려고

26. 들은 내용과 같은 것을 고르십시오.
① 특별 세일은 매일 있습니다.
② 특별 세일은 세 시간 동안 합니다.
③ 모든 그릇은 50% 이상 쌉니다.
④ 특별 세일 매장은 일 층에 있습니다.

※ [27~28] 다음을 듣고 물음에 답하십시오.

27. 두 사람이 무엇에 대해 이야기를 하고 있는지 고르십시오.
① 사진 속의 머리 모양
② 긴 머리가 싫어진 이유
③ 머리를 감는 이유
④ 머리카락 기부

28. 들은 내용과 같은 것을 고르십시오.
① 머리카락 기부는 다른 사람에게 도움이 안 됩니다.
② 머리를 깎기 전에 먼저 감습니다.
③ 여자는 머리를 기부할 생각이 없습니다.
④ 텔레비전 방송은 효과가 없습니다.

※ [29～30] 다음을 듣고 물음에 답하십시오.

29. 여자가 같이 안 먹는 이유를 고르십시오.
    ① 건강이 안 좋아서
    ② 운동을 해야 하니까
    ③ 다이어트 중이라서
    ④ 밥을 싫어하니까

30. 들은 내용과 같은 것을 고르십시오.
    ① 다이어트 중에도 잘 먹어야 합니다.
    ② 배가 고프면 많이 먹어야 합니다.
    ③ 남자는 특히 저녁밥을 꼭 먹습니다.
    ④ 운동은 가끔 하면 됩니다.

まとめの模擬試験　正答一覧

1	①	5	①	9	③	13	①	17	④	21	①	25	④	29	③
2	②	6	②	10	②	14	①	18	③	22	②	26	③	30	①
3	①	7	③	11	①	15	②	19	①	23	①	27	④		
4	④	8	①	12	③	16	①	20	②	24	②	28	②		

河仁南（ハ・インナム）

　韓国生まれ。韓国外国語大学校日本語学科卒業。お茶の水女子大学大学院史学科卒業。1987 年晶文社にて韓国の漫画『弓』（李賢世作）を翻訳出版。つくば市役所の「外国人のための生活相談員」として勤務。つくばと東京の語学スクールにて講師として勤務。

《主要著書》
『韓国語能力試験 TOPIK 1・2 級 初級単語 800』
『韓国語能力試験 TOPIK 3・4 級 中級単語 1800』
『韓国語能力試験 TOPIK 5・6 級 高級単語 800』
『使ってみよう！ 韓国語の慣用句・ことわざ・四字熟語』
（以上，語研）

© Ha Innam, 2021, Printed in Japan

韓国語能力試験 TOPIK 1・2 級　初級聞取り対策

2021 年 12 月 30 日　初版第 1 刷発行

著　　者　河仁南
制　　作　ツディブックス株式会社
発 行 者　田中 稔
発 行 所　株式会社 語研
　　　　　〒 101 − 0064
　　　　　東京都千代田区猿楽町 2 − 7 − 17
　　　　　電　話　03 − 3291 − 3986
　　　　　ファクス　03 − 3291 − 6749
組　　版　ツディブックス株式会社
印刷・製本　シナノ書籍印刷株式会社

ISBN978-4-87615-363-3 C0087
書名　カンコクゴノウリョクシケン トピック イチニキュウ
　　　ショキュウキキトリタイサク
著者　ハ インナム

株式会社 語研
語研ホームページ https://www.goken-net.co.jp/

本書の感想はスマホから↓